Dziennik danych strzelectwa sportowego

Ta książka należy do:

Ten wysokiej jakości, poręczny i łatwy w użyciu dziennik danych strzelectwa sportowego z nowoczesną i wysokiej jakości okładką dla strzelców, strzelców wyborowych i strzelców wyborowych został profesjonalnie zaprojektowany, aby pomóc Ci w szczegółowym rejestrowaniu daty, godziny, lokalizacji, broni palnej, rodzaju lunety, amunicji, głębokości siedzenia, Dystans, proszek, podkład, mosiądz, strony ze schematami.

Dziennik danych strzelectwa sportowego

📅 Data: _______________________   🕐 Czas: _______________

📍 Lokalizacja: _______________________________________

Warunki pogodowe

☐   ☐   ☐   ☐   ☐   ☐   ▷ ______   🌡 ______

Strażak:	
Pocisk:	Głębokość siedzenia:
Proszek:	Ziarna:
Podkład:	
Mosiądz:	
Odległość:	

Wyniki ogólne

☐ zły   ☐ targi   ☐ dobra   ☐ doskonale

Uwagi dodatkowe

____

____

____

☆ ☆ ☆ ☆ ☆

Idealny pomysł na prezent dla początkujących i profesjonalistów

Dziennik danych strzelectwa sportowego

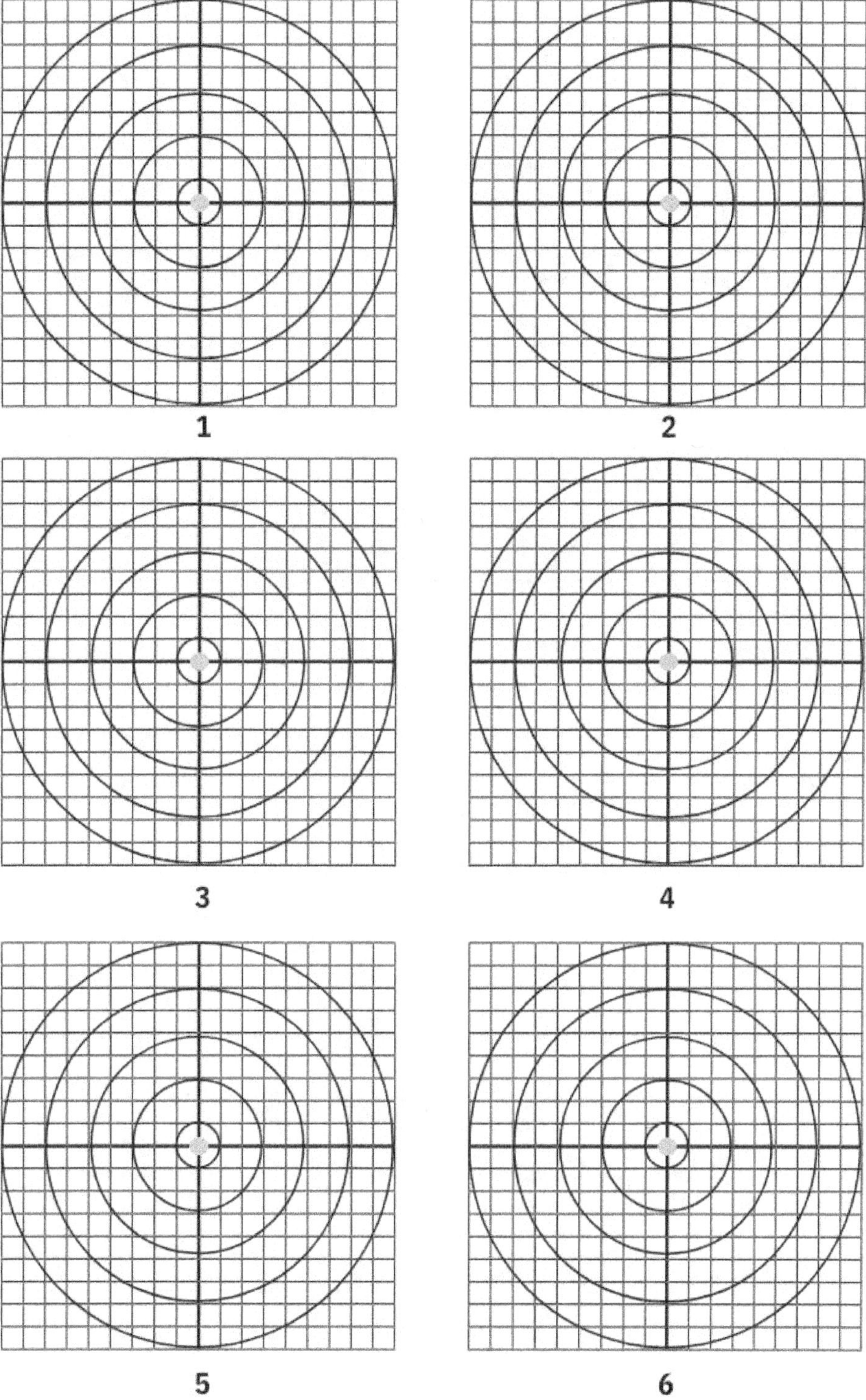

Idealny pomysł na prezent dla początkujących i profesjonalistów

Dziennik danych strzelectwa sportowego

📅 Data: _______________________   🕐 Czas: __________

📍 Lokalizacja: _________________________________

Warunki pogodowe

☐ ☐ ☐ ☐ ☐ ☐ ⚑ _______ 🌡 _______

Strażak:	
Pocisk:	Głębokość siedzenia:
Proszek:	Ziarna:
Podkład:	
Mosiądz:	
Odległość:	

Wyniki ogólne

☐ zły　　☐ targi　　☐ dobra　　☐ doskonale

Uwagi dodatkowe

____

____

____

☆ ☆ ☆ ☆ ☆

Idealny pomysł na prezent dla początkujących i profesjonalistów

Dziennik danych strzelectwa sportowego

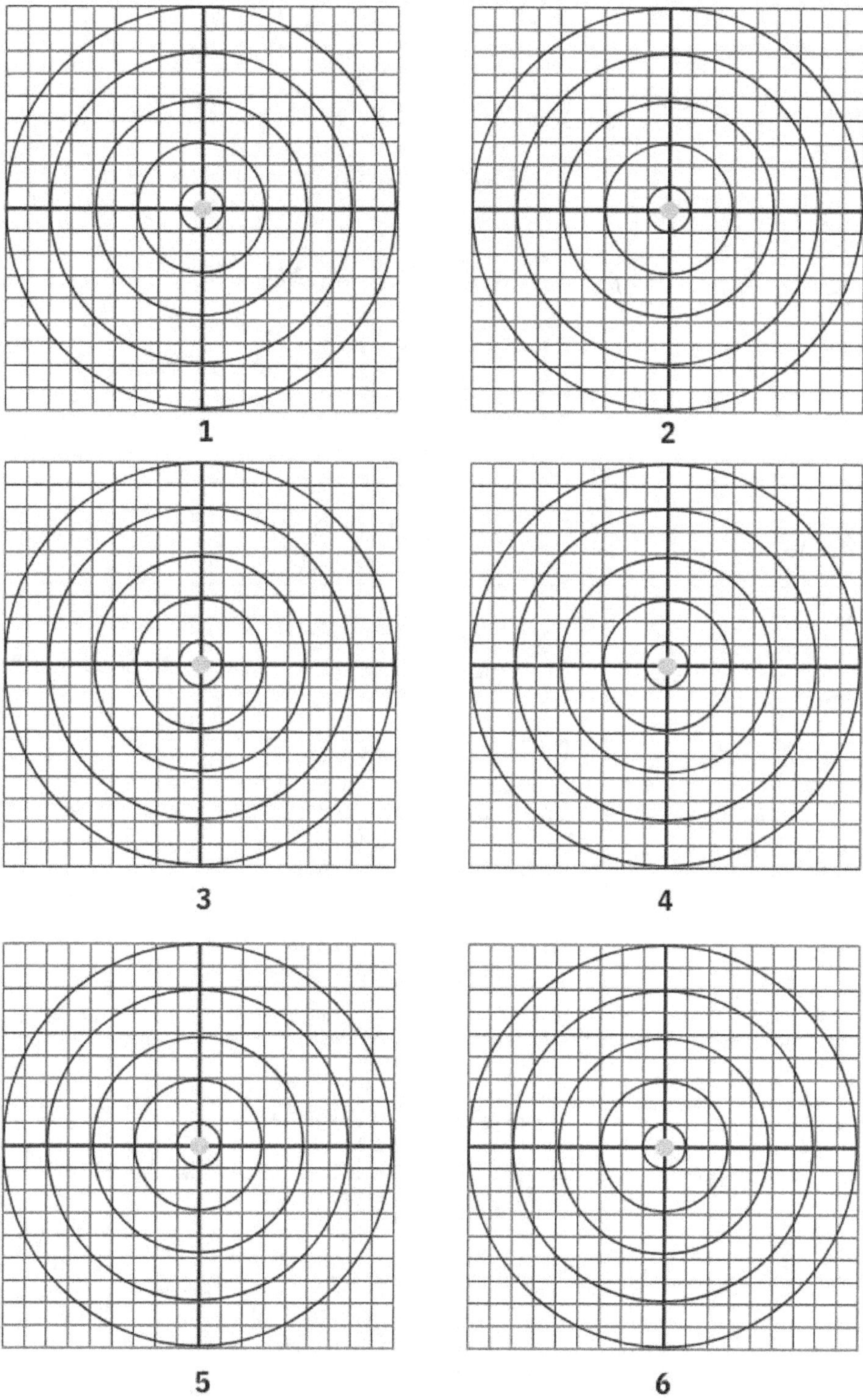

Idealny pomysł na prezent dla początkujących i profesjonalistów

Dziennik danych strzelectwa sportowego

📅 Data: _______________________ 🕐 Czas: __________

📍 Lokalizacja: _________________________________

Warunki pogodowe

☐ ☐ ☐ ☐ ☐ ☐

Strażak:	
Pocisk:	Głębokość siedzenia:
Proszek:	Ziarna:
Podkład:	
Mosiądz:	
Odległość:	

Wyniki ogólne

☐ zły   ☐ targi   ☐ dobra   ☐ doskonale

Uwagi dodatkowe

____

____

____

☆ ☆ ☆ ☆ ☆

Idealny pomysł na prezent dla początkujących i profesjonalistów

Dziennik danych strzelectwa sportowego

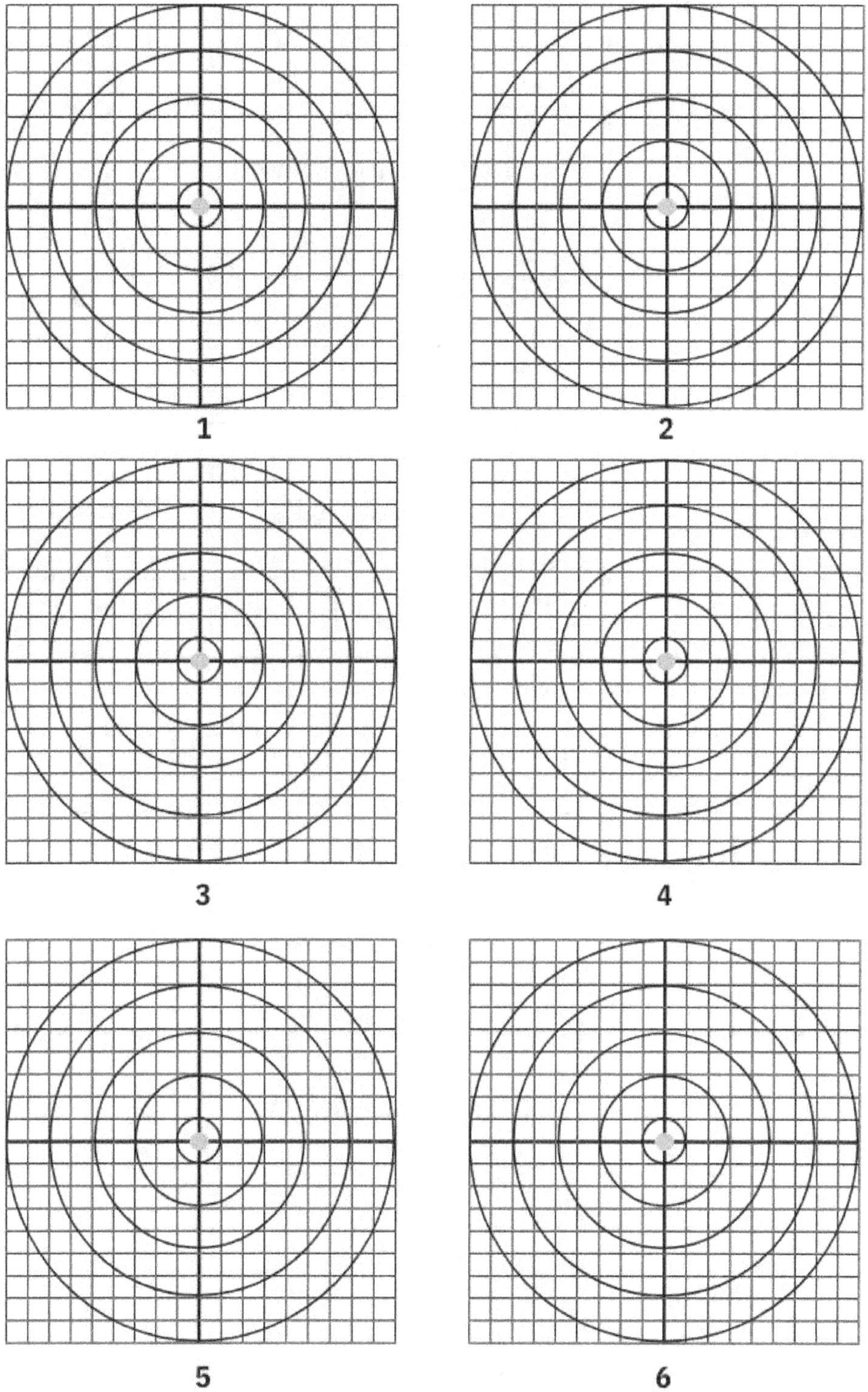

Idealny pomysł na prezent dla początkujących i profesjonalistów

Dziennik danych strzelectwa sportowego

📅 Data: _______________________ 🕐 Czas: _____________

📍 Lokalizacja: ____

Warunki pogodowe

☀ ☐   ☁ ☐   ☁ ☐   🌧 ☐   🌧 ☐   🌨 ☐   ⚑ _______   🌡 _______

Strażak:	
Pocisk:	Głębokość siedzenia:
Proszek:	Ziarna:
Podkład:	
Mosiądz:	
Odległość:	

Wyniki ogólne

☐ zły   ☐ targi   ☐ dobra   ☐ doskonale

Uwagi dodatkowe

____

____

____

☆ ☆ ☆ ☆ ☆

Idealny pomysł na prezent dla początkujących i profesjonalistów

Dziennik danych strzelectwa sportowego

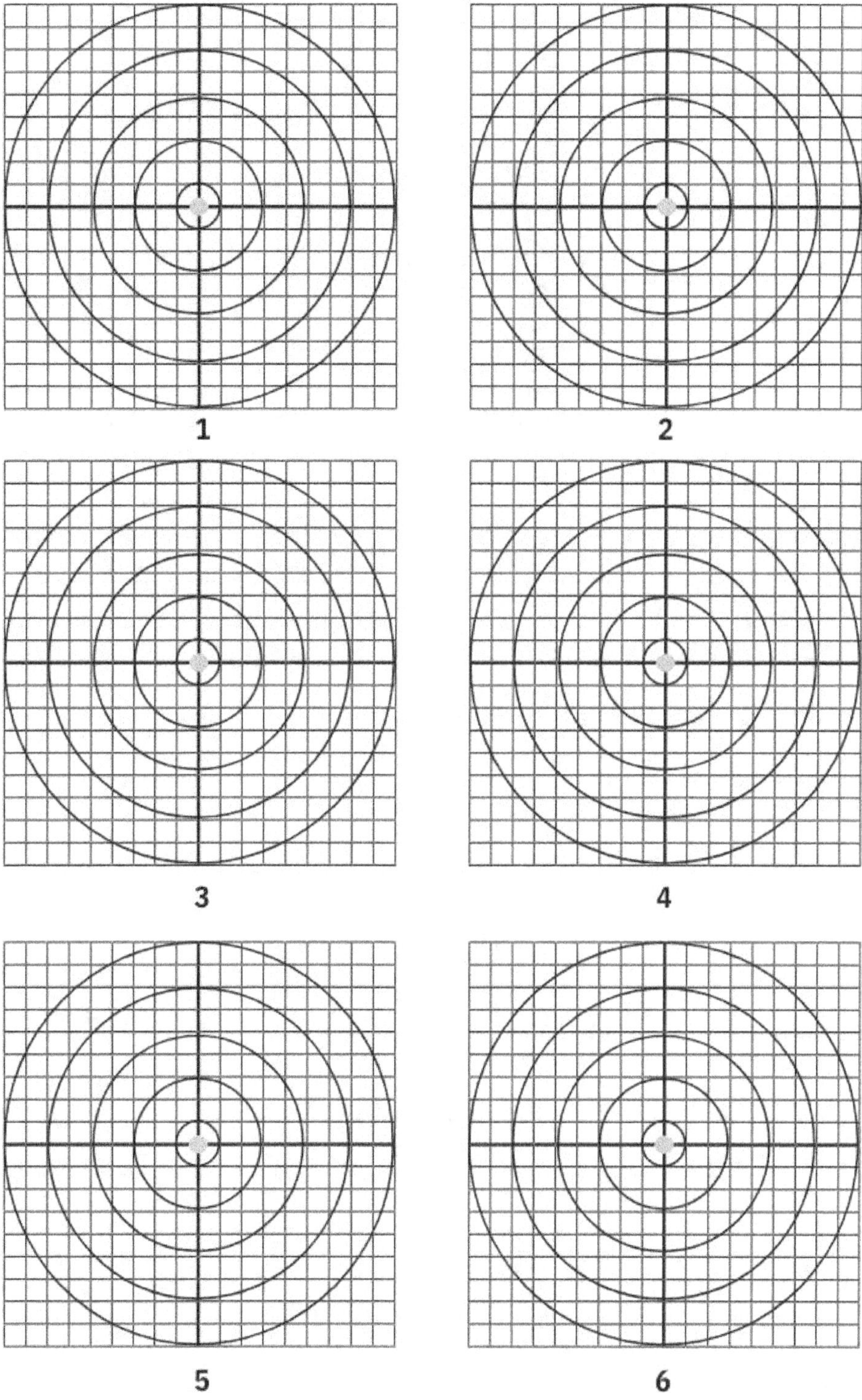

Idealny pomysł na prezent dla początkujących i profesjonalistów

Dziennik danych strzelectwa sportowego

📅 Data: _______________   🕐 Czas: _______________

📍 Lokalizacja: _______________________________

Warunki pogodowe

☐ ☐ ☐ ☐ ☐ ☐

Strażak:	
Pocisk:	Głębokość siedzenia:
Proszek:	Ziarna:
Podkład:	
Mosiądz:	
Odległość:	

Wyniki ogólne

☐ zły   ☐ targi   ☐ dobra   ☐ doskonale

Uwagi dodatkowe

____

____

____

☆ ☆ ☆ ☆ ☆

Idealny pomysł na prezent dla początkujących i profesjonalistów

Dziennik danych strzelectwa sportowego

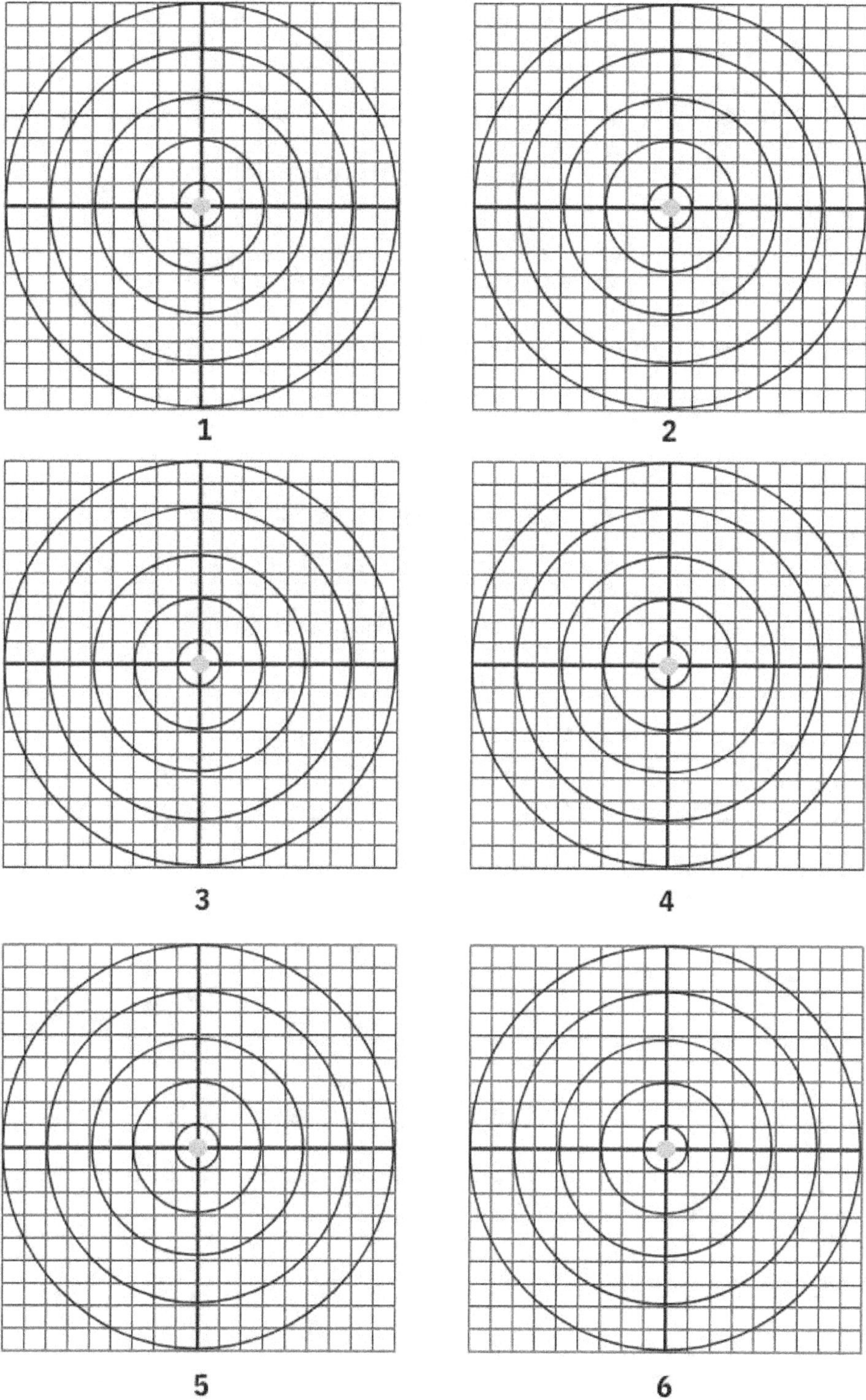

Idealny pomysł na prezent dla początkujących i profesjonalistów

Dziennik danych strzelectwa sportowego

📅 Data: _________________________   🕐 Czas: _________________

📍 Lokalizacja: ____

Warunki pogodowe

☐ ☐ ☐ ☐ ☐ ☐

Strażak:	
Pocisk:	Głębokość siedzenia:
Proszek:	Ziarna:
Podkład:	
Mosiądz:	
Odległość:	

Wyniki ogólne

☐ zły   ☐ targi   ☐ dobra   ☐ doskonale

Uwagi dodatkowe

____

____

____

☆ ☆ ☆ ☆ ☆

Idealny pomysł na prezent dla początkujących i profesjonalistów

Dziennik danych strzelectwa sportowego

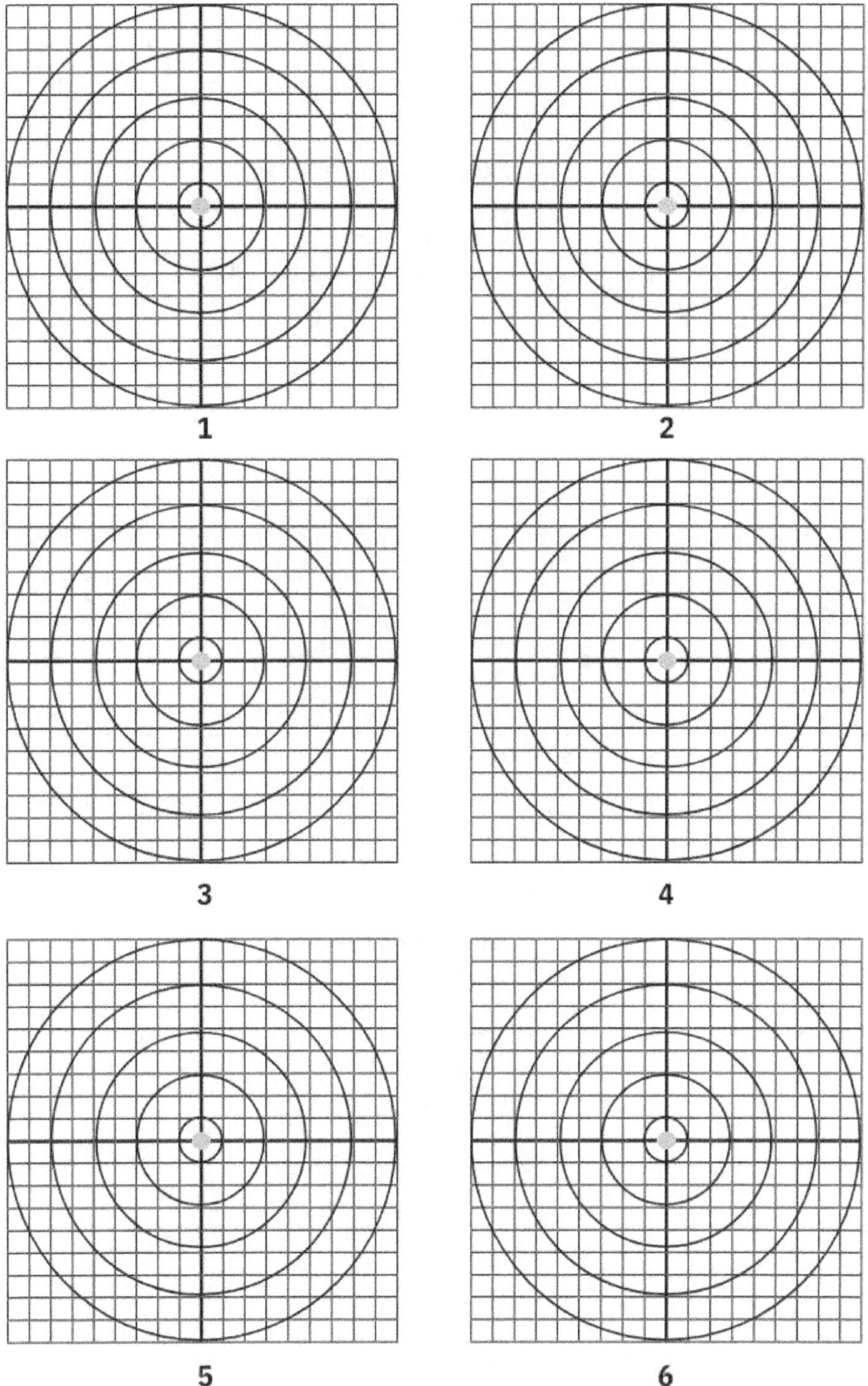

Idealny pomysł na prezent dla początkujących i profesjonalistów

Dziennik danych strzelectwa sportowego

📅 Data: ________________________ 🕐 Czas: __________

📍 Lokalizacja: ________________________________

Warunki pogodowe

☀ ☐ ⛅ ☐ 🌥 ☐ 🌧 ☐ 🌧 ☐ 🌨 ☐ ▷ ______ 🌡 ______

Strażak:	
Pocisk:	Głębokość siedzenia:
Proszek:	Ziarna:
Podkład:	
Mosiądz:	
Odległość:	

Wyniki ogólne

☐ zły   ☐ targi   ☐ dobra   ☐ doskonale

Uwagi dodatkowe

____

____

____

☆ ☆ ☆ ☆ ☆

Idealny pomysł na prezent dla początkujących i profesjonalistów

Dziennik danych strzelectwa sportowego

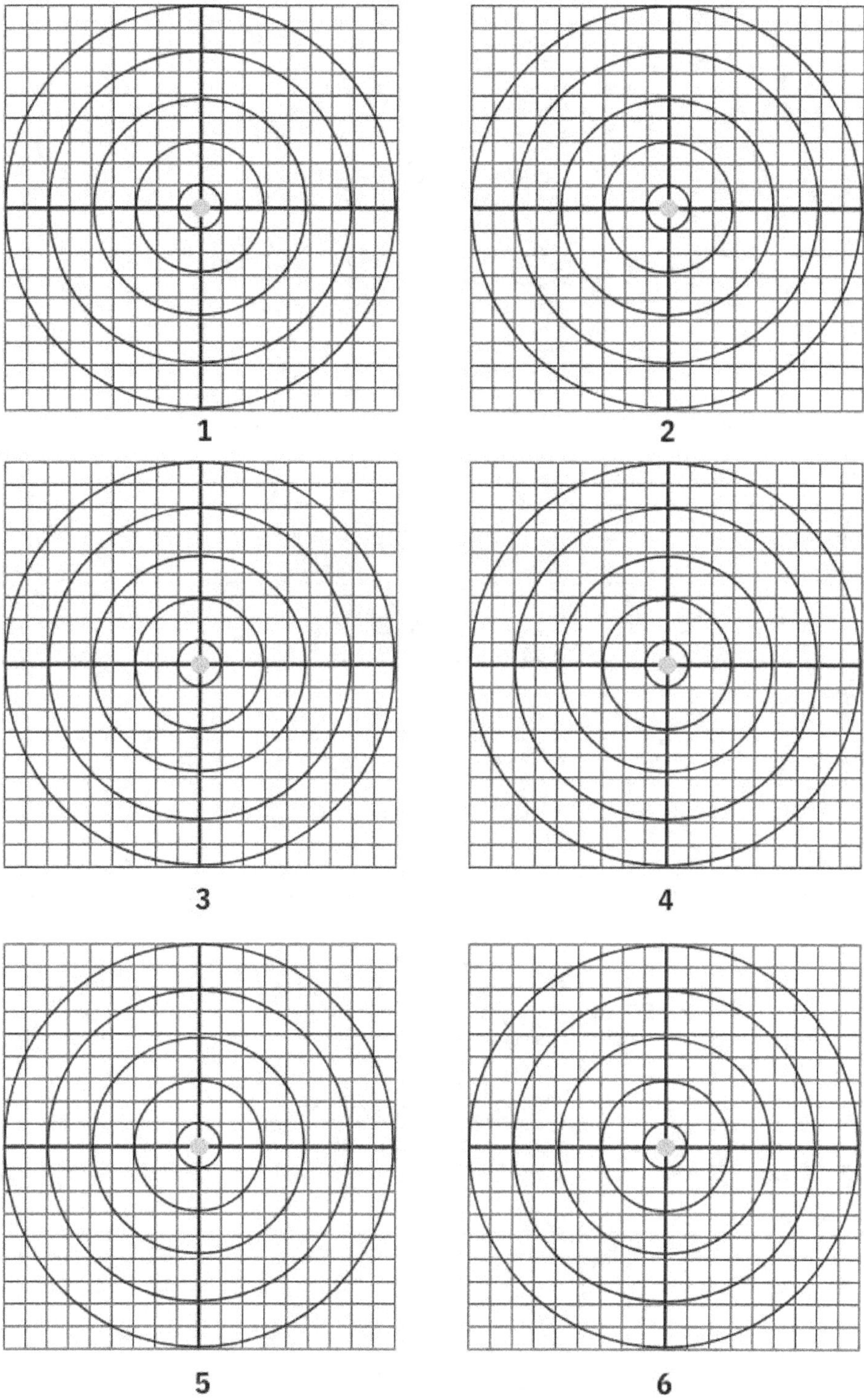

Idealny pomysł na prezent dla początkujących i profesjonalistów

Dziennik danych strzelectwa sportowego

📅 Data: _______________________   🕐 Czas: _______________

📍 Lokalizacja: ____

Warunki pogodowe

☐   ☐   ☐   ☐   ☐   ☐   ⚑ _______   🌡 _______

Strażak:	
Pocisk:	Głębokość siedzenia:
Proszek:	Ziarna:
Podkład:	
Mosiądz:	
Odległość:	

Wyniki ogólne

☐ zły   ☐ targi   ☐ dobra   ☐ doskonale

Uwagi dodatkowe

____

____

☆ ☆ ☆ ☆ ☆

Idealny pomysł na prezent dla początkujących i profesjonalistów

Dziennik danych strzelectwa sportowego

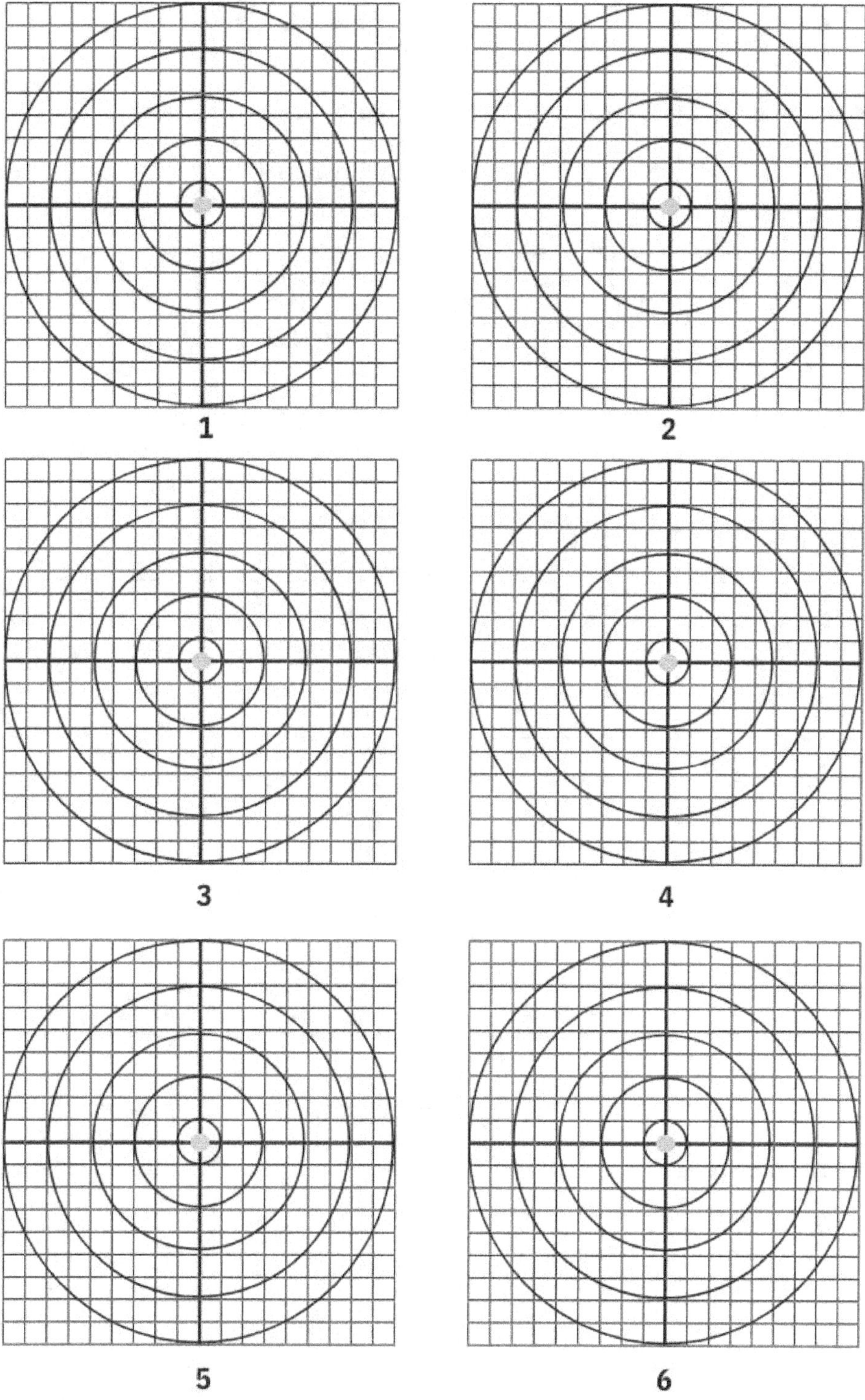

Idealny pomysł na prezent dla początkujących i profesjonalistów

Dziennik danych strzelectwa sportowego

📅 Data: _______________________ 🕐 Czas: _______________

📍 Lokalizacja: _______________________________________

Warunki pogodowe

☐ ☐ ☐ ☐ ☐ ☐

Strażak:	
Pocisk:	Głębokość siedzenia:
Proszek:	Ziarna:
Podkład:	
Mosiądz:	
Odległość:	

Wyniki ogólne

☐ zły ☐ targi ☐ dobra ☐ doskonale

Uwagi dodatkowe

____

____

____

☆ ☆ ☆ ☆ ☆

Idealny pomysł na prezent dla początkujących i profesjonalistów

Dziennik danych strzelectwa sportowego

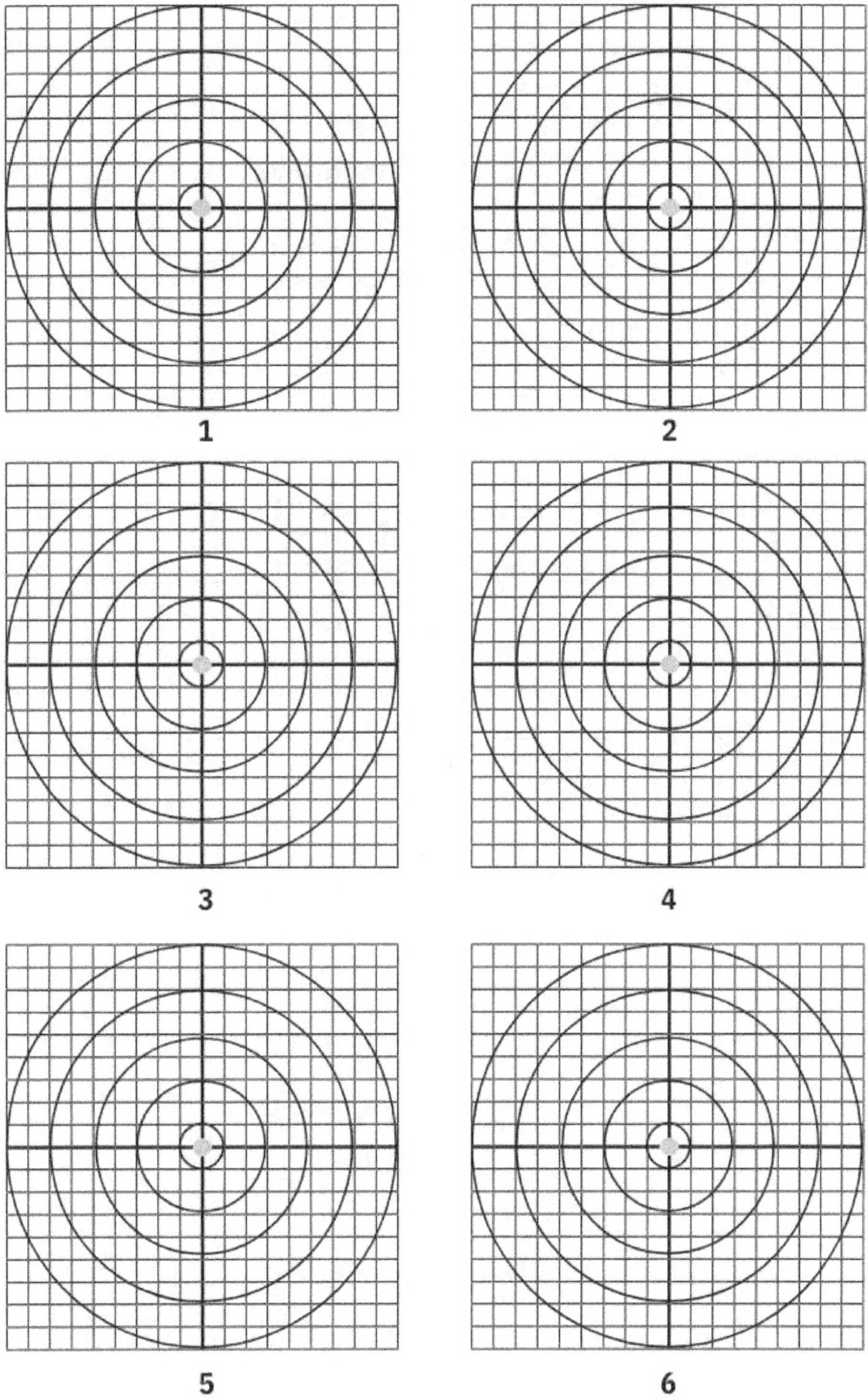

Idealny pomysł na prezent dla początkujących i profesjonalistów

Dziennik danych strzelectwa sportowego

📅 Data: _______________   🕐 Czas: _______________

📍 Lokalizacja: _______________________________

Warunki pogodowe

☐ ☐ ☐ ☐ ☐ ☐

Strażak:	
Pocisk:	Głębokość siedzenia:
Proszek:	Ziarna:
Podkład:	
Mosiądz:	
Odległość:	

Wyniki ogólne

☐ zły   ☐ targi   ☐ dobra   ☐ doskonale

Uwagi dodatkowe

____

____

____

☆ ☆ ☆ ☆ ☆

Idealny pomysł na prezent dla początkujących i profesjonalistów

Dziennik danych strzelectwa sportowego

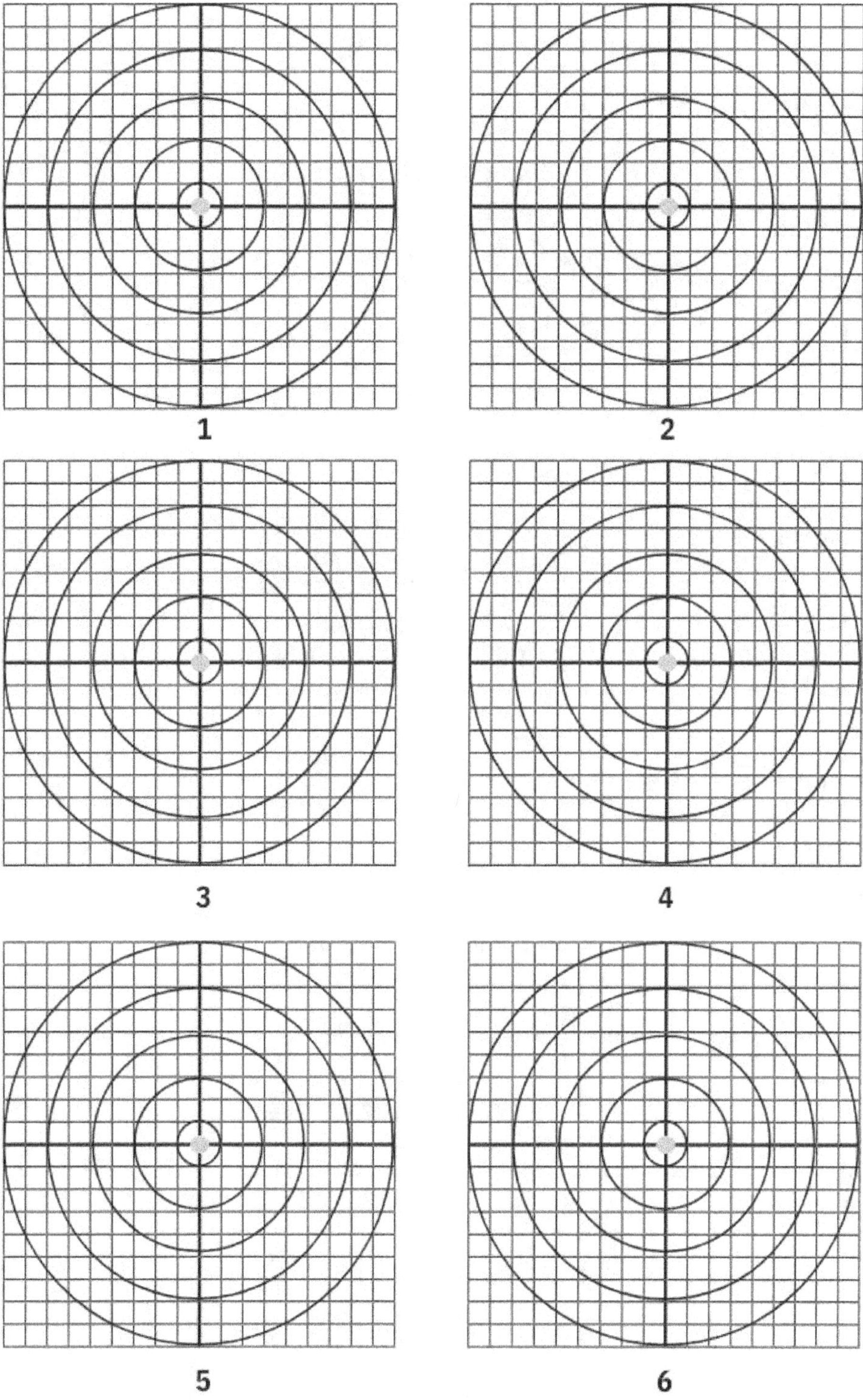

Idealny pomysł na prezent dla początkujących i profesjonalistów

Dziennik danych strzelectwa sportowego

📅 Data: ______________________ 🕐 Czas: ___________

📍 Lokalizacja: _______________________________

Warunki pogodowe

☐   ☐   ☐   ☐   ☐   ☐   ___   ___

Strażak:	
Pocisk:	Głębokość siedzenia:
Proszek:	Ziarna:
Podkład:	
Mosiądz:	
Odległość:	

Wyniki ogólne

☐ zły   ☐ targi   ☐ dobra   ☐ doskonale

Uwagi dodatkowe

____

____

____

☆ ☆ ☆ ☆ ☆

Idealny pomysł na prezent dla początkujących i profesjonalistów

Dziennik danych strzelectwa sportowego

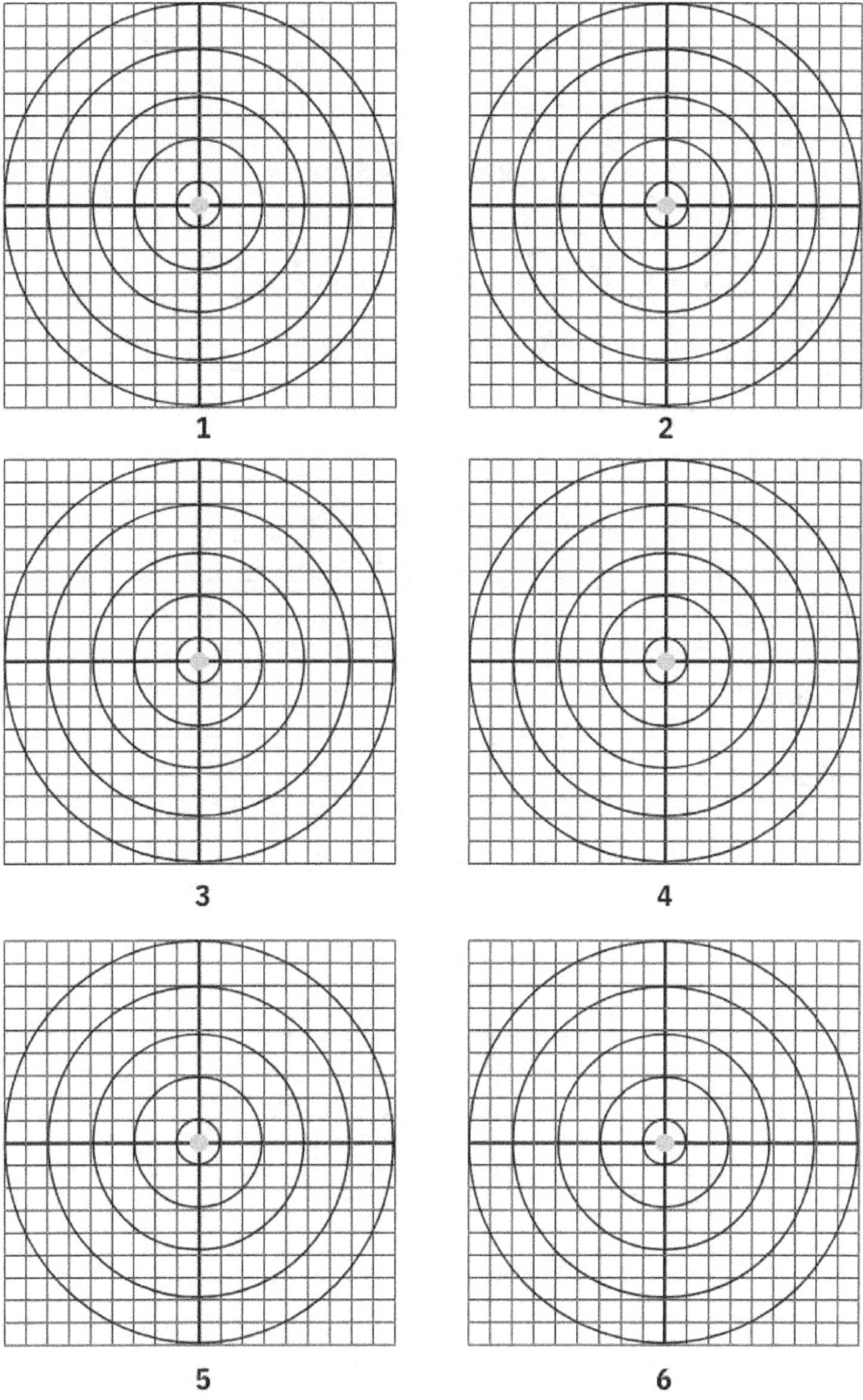

Idealny pomysł na prezent dla początkujących i profesjonalistów

Dziennik danych strzelectwa sportowego

📅 Data: _______________   🕐 Czas: _________

📍 Lokalizacja: _____________________________

Warunki pogodowe

☐ ☐ ☐ ☐ ☐ ☐ _______ _______

Strażak:	
Pocisk:	Głębokość siedzenia:
Proszek:	Ziarna:
Podkład:	
Mosiądz:	
Odległość:	

Wyniki ogólne

☐ zły   ☐ targi   ☐ dobra   ☐ doskonale

Uwagi dodatkowe

____

____

____

☆ ☆ ☆ ☆ ☆

Idealny pomysł na prezent dla początkujących i profesjonalistów

Dziennik danych strzelectwa sportowego

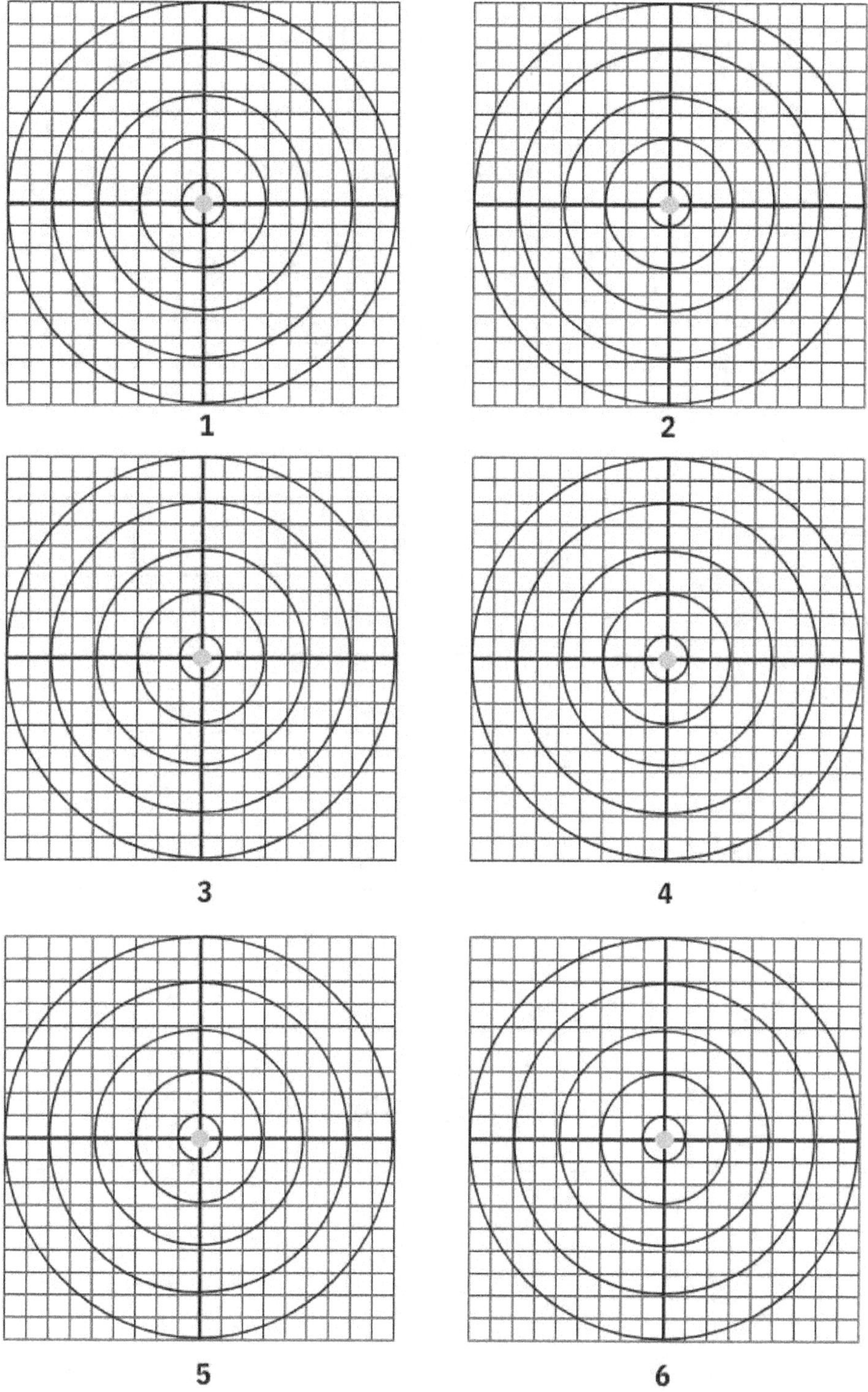

Idealny pomysł na prezent dla początkujących i profesjonalistów

Dziennik danych strzelectwa sportowego

📅 Data: __________________________ 🕐 Czas: __________

📍 Lokalizacja: __________________________________

Warunki pogodowe

☐ ☐ ☐ ☐ ☐ ☐

Strażak:	
Pocisk:	Głębokość siedzenia:
Proszek:	Ziarna:
Podkład:	
Mosiądz:	
Odległość:	

Wyniki ogólne

☐ zły   ☐ targi   ☐ dobra   ☐ doskonale

Uwagi dodatkowe

____

____

____

☆ ☆ ☆ ☆ ☆

Idealny pomysł na prezent dla początkujących i profesjonalistów

Dziennik danych strzelectwa sportowego

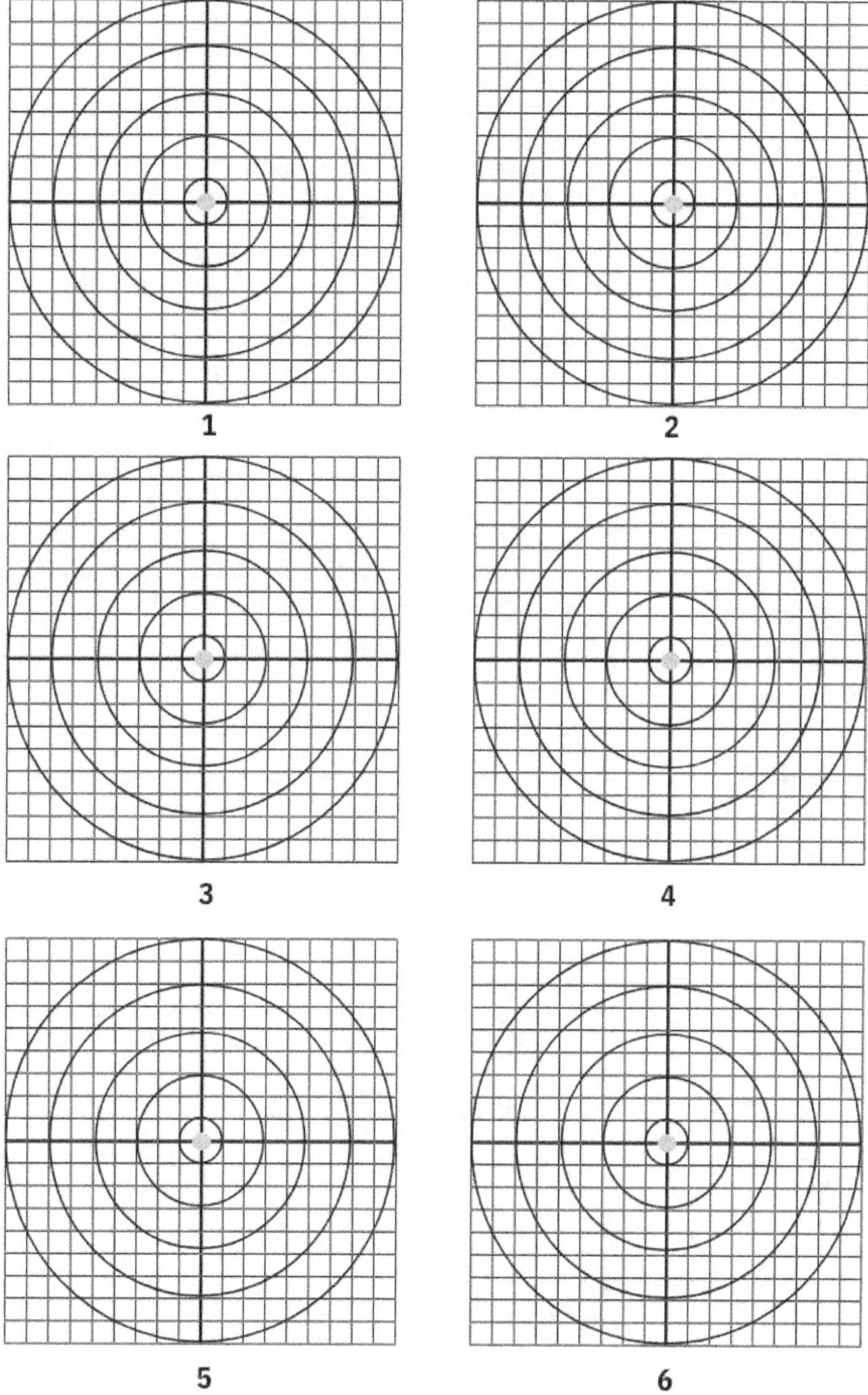

Idealny pomysł na prezent dla początkujących i profesjonalistów

Dziennik danych strzelectwa sportowego

📅 Data: _______________ 🕐 Czas: _______________

📍 Lokalizacja: _______________________________

Warunki pogodowe

☐   ☐   ☐   ☐   ☐   ☐

Strażak:	
Pocisk:	Głębokość siedzenia:
Proszek:	Ziarna:
Podkład:	
Mosiądz:	
Odległość:	

Wyniki ogólne

☐ zły   ☐ targi   ☐ dobra   ☐ doskonale

Uwagi dodatkowe

____

____

____

☆ ☆ ☆ ☆ ☆

Idealny pomysł na prezent dla początkujących i profesjonalistów

Dziennik danych strzelectwa sportowego

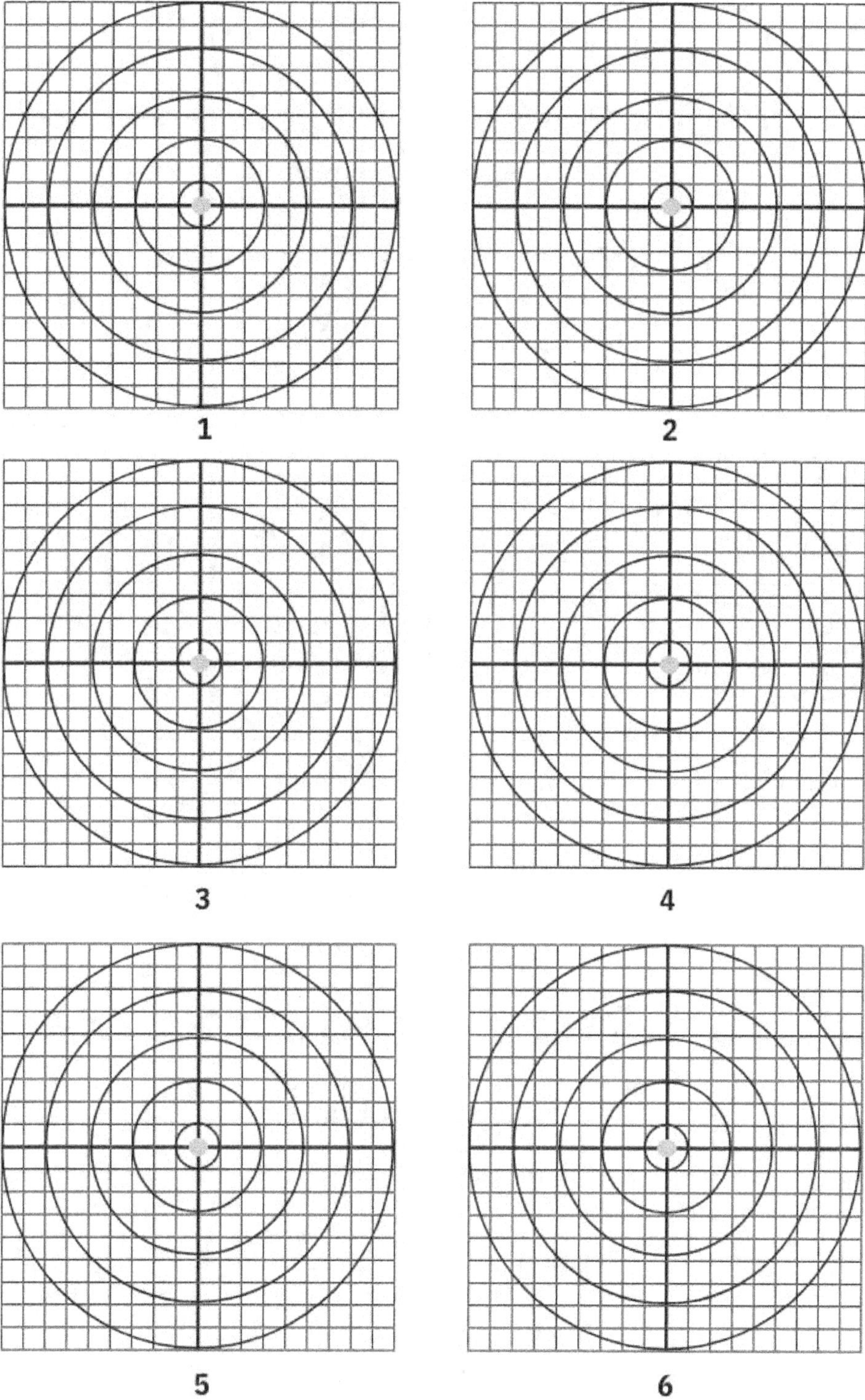

Idealny pomysł na prezent dla początkujących i profesjonalistów

Dziennik danych strzelectwa sportowego

📅 Data: _______________________ 🕐 Czas: __________

📍 Lokalizacja: _____________________________________

Warunki pogodowe

☐ ☐ ☐ ☐ ☐ ☐ _______ _______

Strażak:	
Pocisk:	Głębokość siedzenia:
Proszek:	Ziarna:
Podkład:	
Mosiądz:	
Odległość:	

Wyniki ogólne

☐ zły   ☐ targi   ☐ dobra   ☐ doskonale

Uwagi dodatkowe

____

____

____

☆ ☆ ☆ ☆ ☆

Idealny pomysł na prezent dla początkujących i profesjonalistów

Dziennik danych strzelectwa sportowego

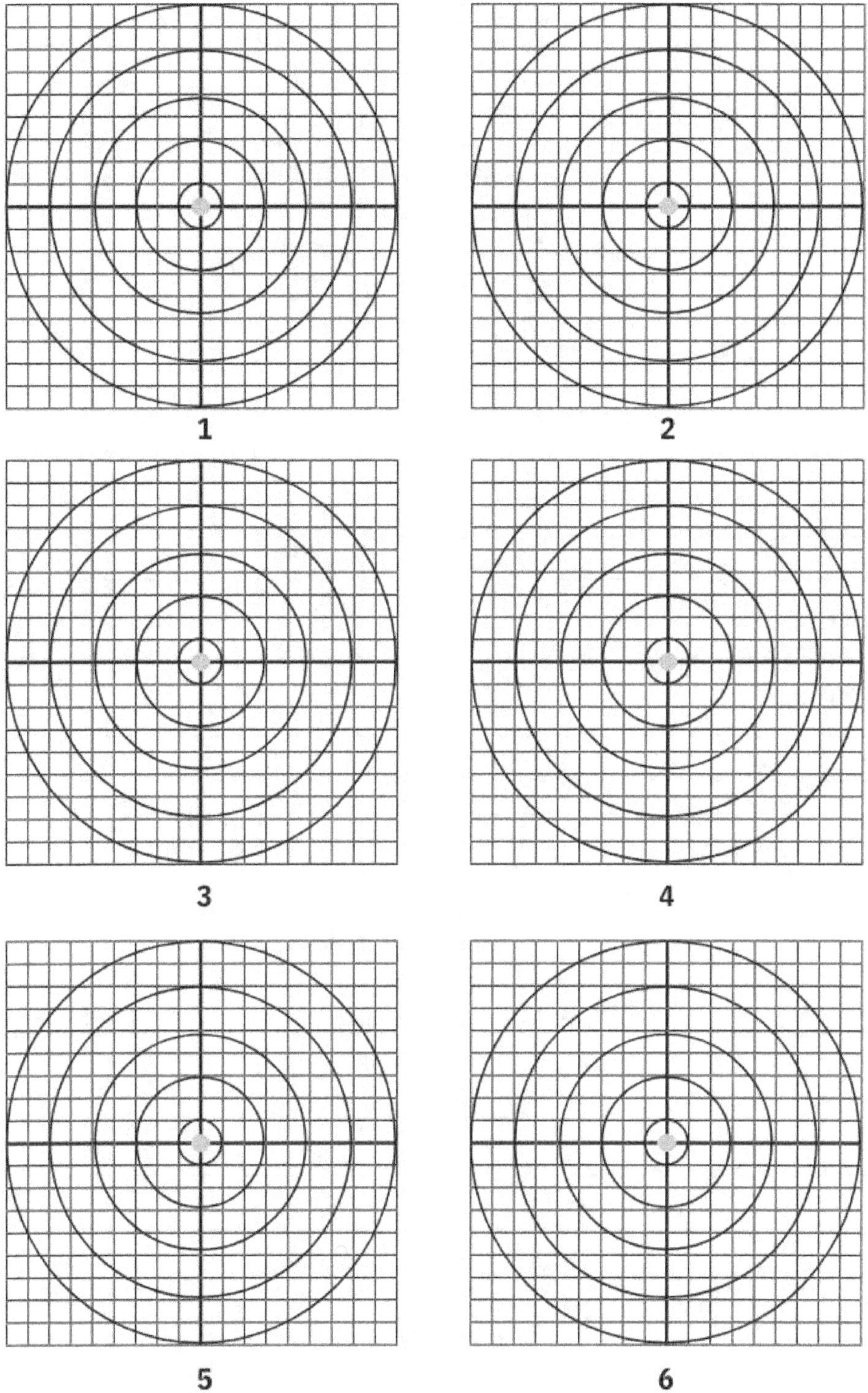

Idealny pomysł na prezent dla początkujących i profesjonalistów

Dziennik danych strzelectwa sportowego

📅 Data: _________________ 🕐 Czas: _________

📍 Lokalizacja: _______________________________

Warunki pogodowe

☐ ☐ ☐ ☐ ☐ ☐

Strażak:	
Pocisk:	Głębokość siedzenia:
Proszek:	Ziarna:
Podkład:	
Mosiądz:	
Odległość:	

Wyniki ogólne

☐ zły ☐ targi ☐ dobra ☐ doskonale

Uwagi dodatkowe

____

____

____

☆ ☆ ☆ ☆ ☆

Idealny pomysł na prezent dla początkujących i profesjonalistów

Dziennik danych strzelectwa sportowego

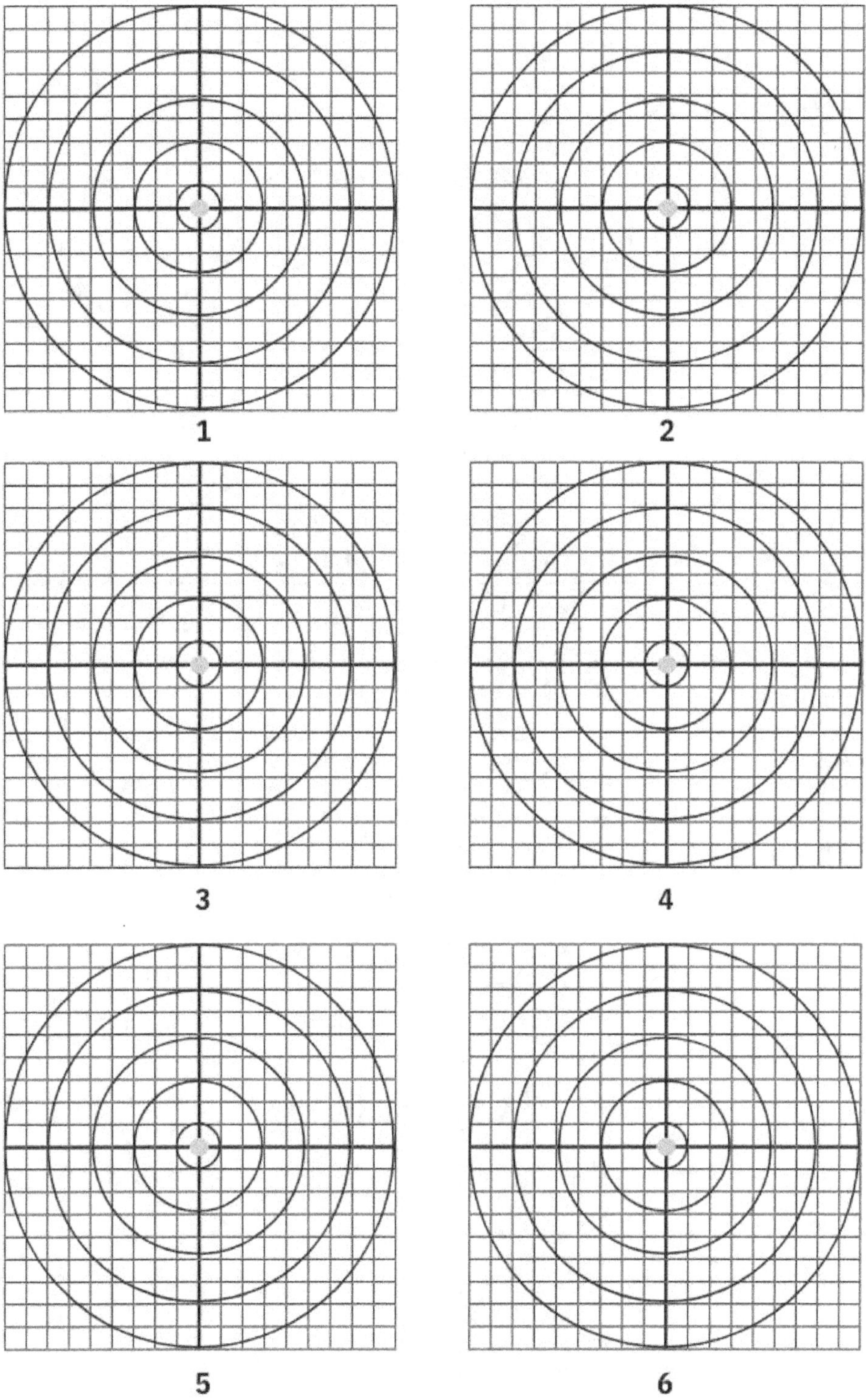

Idealny pomysł na prezent dla początkujących i profesjonalistów

Dziennik danych strzelectwa sportowego

📅 Data: _______________   🕐 Czas: _________

📍 Lokalizacja: _______________________

Warunki pogodowe

☀ ☐   ☁ ☐   ⛅ ☐   🌧 ☐   🌧 ☐   🌨 ☐   🚩 _____   🌡 _____

Strażak:	
Pocisk:	Głębokość siedzenia:
Proszek:	Ziarna:
Podkład:	
Mosiądz:	
Odległość:	

Wyniki ogólne

☐ zły   ☐ targi   ☐ dobra   ☐ doskonale

Uwagi dodatkowe

____

____

____

☆ ☆ ☆ ☆ ☆

Idealny pomysł na prezent dla początkujących i profesjonalistów

Dziennik danych strzelectwa sportowego

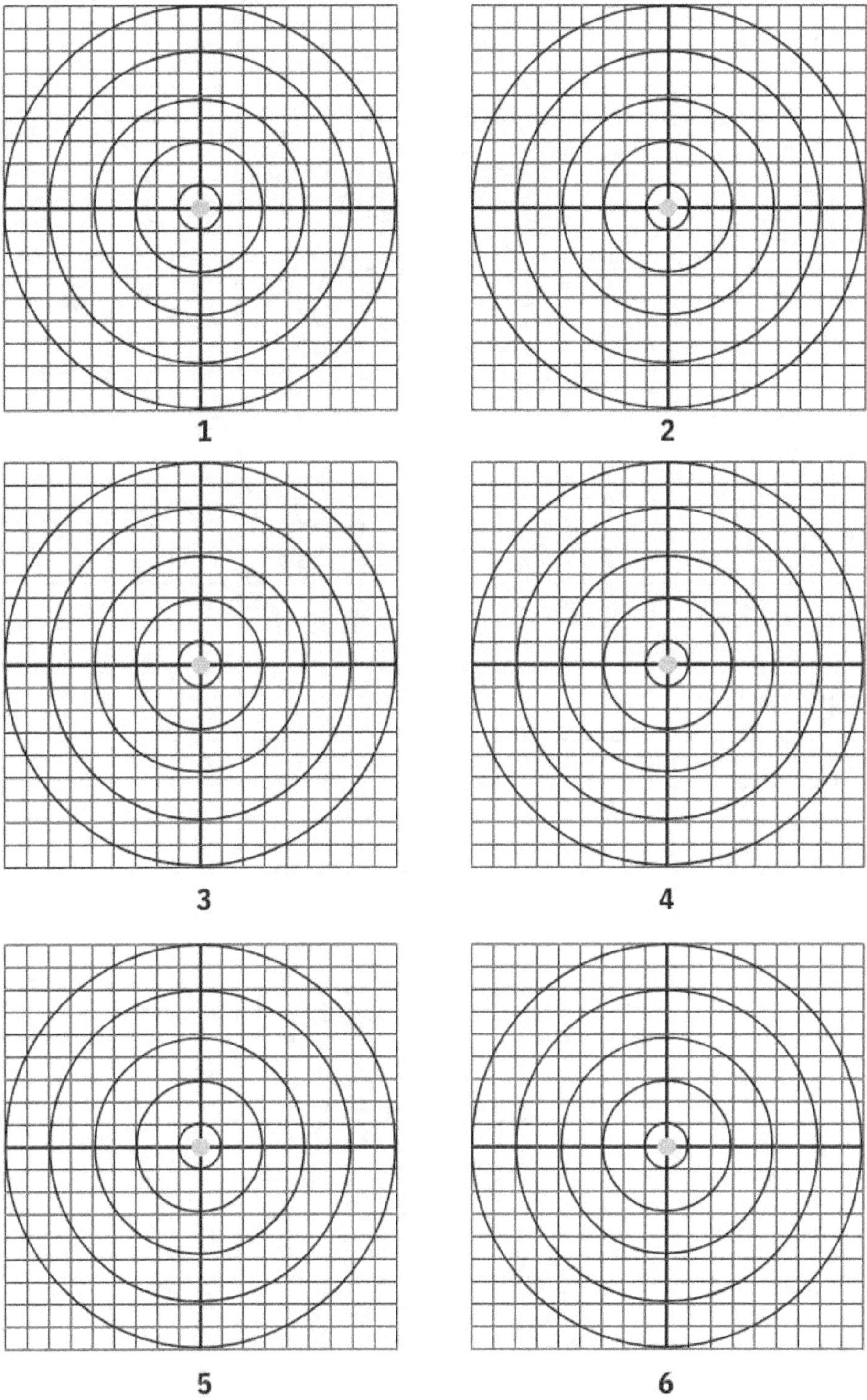

Idealny pomysł na prezent dla początkujących i profesjonalistów

Dziennik danych strzelectwa sportowego

📅 Data: _______________________   🕐 Czas: _____________

📍 Lokalizacja: ____

Warunki pogodowe

☀ ☐   ⛅ ☐   🌤 ☐   🌧 ☐   🌦 ☐   🌨 ☐   🚩 _______   🌡 _______

Strażak:	
Pocisk:	Głębokość siedzenia:
Proszek:	Ziarna:
Podkład:	
Mosiądz:	
Odległość:	

Wyniki ogólne

☐ zły   ☐ targi   ☐ dobra   ☐ doskonale

Uwagi dodatkowe

____

____

____

☆ ☆ ☆ ☆ ☆

Idealny pomysł na prezent dla początkujących i profesjonalistów

Dziennik danych strzelectwa sportowego

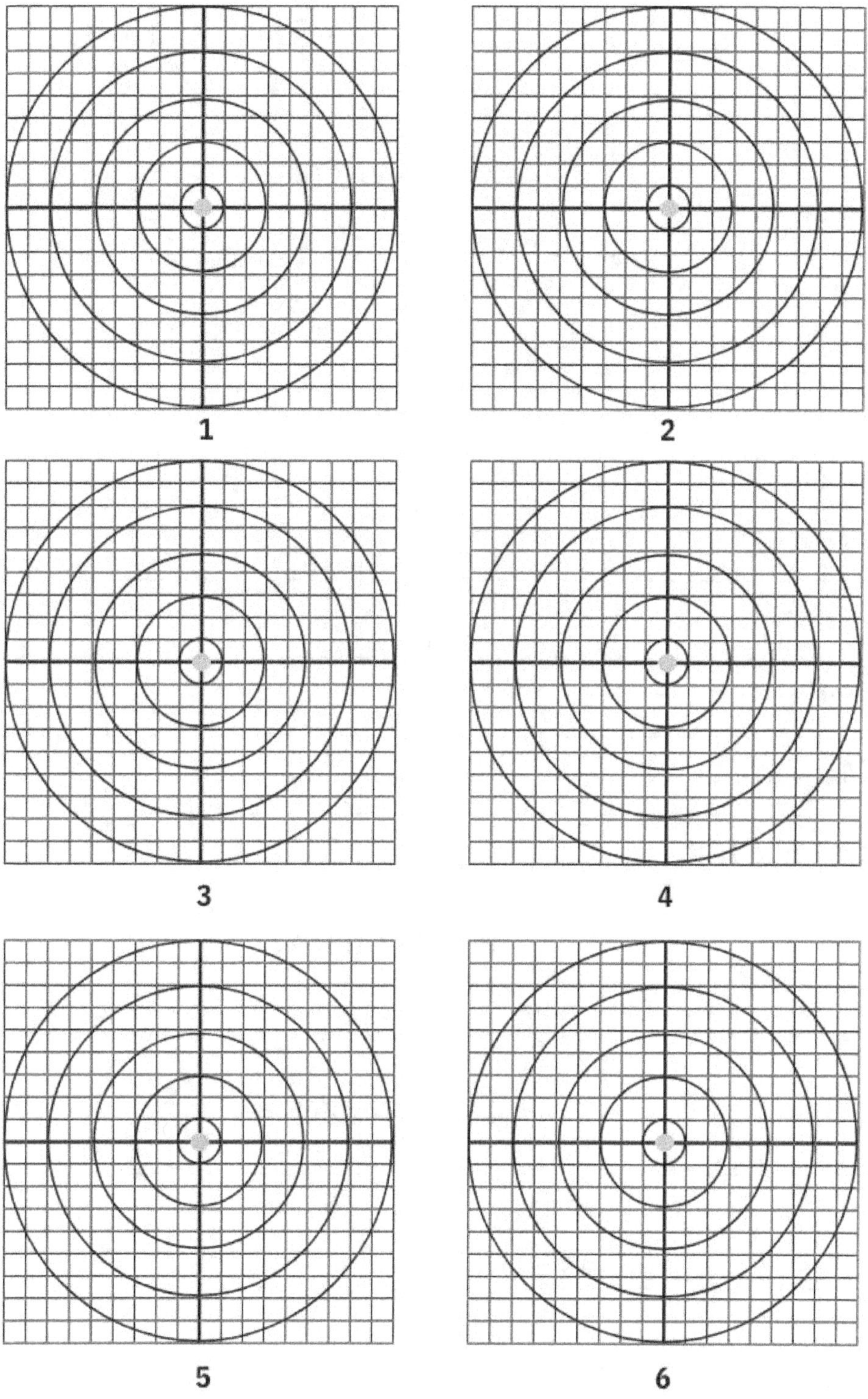

Idealny pomysł na prezent dla początkujących i profesjonalistów

Dziennik danych strzelectwa sportowego

📅 Data: _______________ 🕐 Czas: _______________

📍 Lokalizacja: _______________________________

Warunki pogodowe

☐ ☐ ☐ ☐ ☐ ☐ _______ _______

Strażak:	
Pocisk:	Głębokość siedzenia:
Proszek:	Ziarna:
Podkład:	
Mosiądz:	
Odległość:	

Wyniki ogólne

☐ zły   ☐ targi   ☐ dobra   ☐ doskonale

Uwagi dodatkowe

____

____

____

☆ ☆ ☆ ☆ ☆

Idealny pomysł na prezent dla początkujących i profesjonalistów

Dziennik danych strzelectwa sportowego

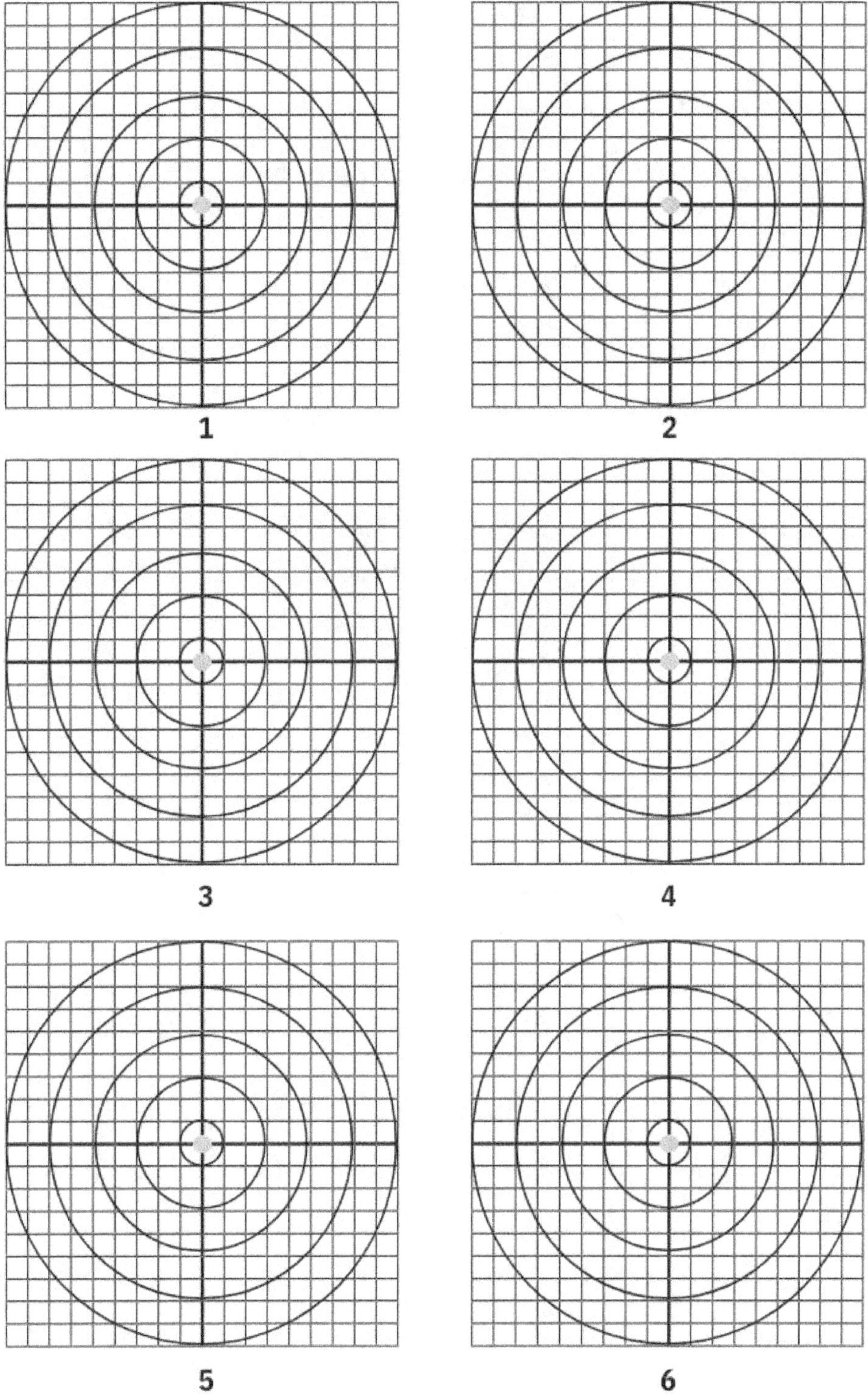

Idealny pomysł na prezent dla początkujących i profesjonalistów

Dziennik danych strzelectwa sportowego

📅 Data: ___________________ 🕐 Czas: ___________

📍 Lokalizacja: _______________________________

Warunki pogodowe

☐ ☐ ☐ ☐ ☐ ☐

Strażak:	
Pocisk:	Głębokość siedzenia:
Proszek:	Ziarna:
Podkład:	
Mosiądz:	
Odległość:	

Wyniki ogólne

☐ zły ☐ targi ☐ dobra ☐ doskonale

Uwagi dodatkowe

____

____

____

☆ ☆ ☆ ☆ ☆

Idealny pomysł na prezent dla początkujących i profesjonalistów

Dziennik danych strzelectwa sportowego

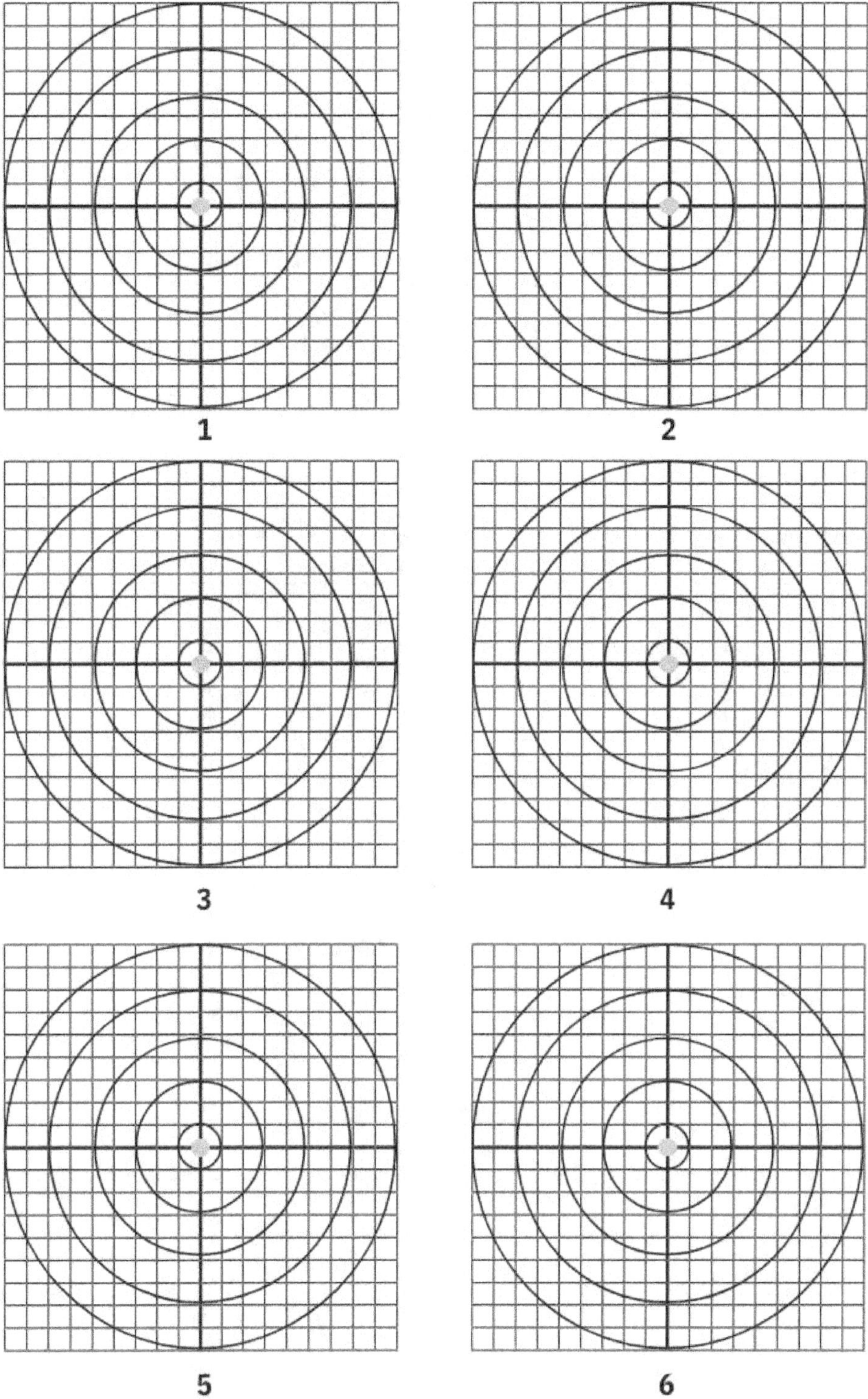

Idealny pomysł na prezent dla początkujących i profesjonalistów

Dziennik danych strzelectwa sportowego

📅 Data: _________________________ 🕐 Czas: _____________

📍 Lokalizacja: _______________________________________

Warunki pogodowe

☐   ☐   ☐   ☐   ☐   ☐   ⚑ _______   🌡 _______

Strażak:	
Pocisk:	Głębokość siedzenia:
Proszek:	Ziarna:
Podkład:	
Mosiądz:	
Odległość:	

Wyniki ogólne

☐ zły   ☐ targi   ☐ dobra   ☐ doskonale

Uwagi dodatkowe

____

____

____

☆ ☆ ☆ ☆ ☆

Idealny pomysł na prezent dla początkujących i profesjonalistów

Dziennik danych strzelectwa sportowego

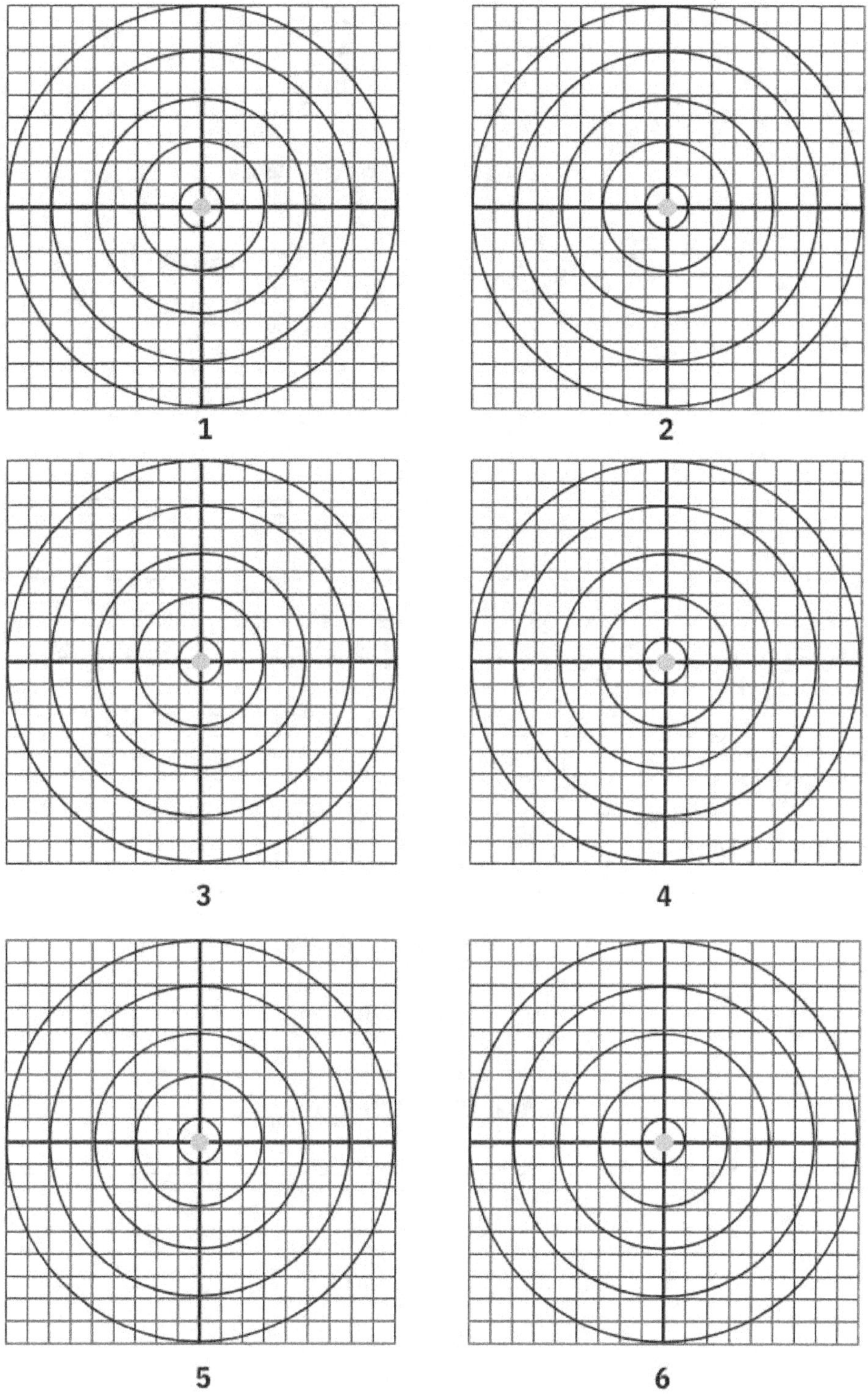

Idealny pomysł na prezent dla początkujących i profesjonalistów

Dziennik danych strzelectwa sportowego

📅 Data: _______________   🕐 Czas: _______________

📍 Lokalizacja: _______________________________

Warunki pogodowe

☀ ☐   ☁ ☐   ⛅ ☐   🌧 ☐   🌧 ☐   🌨 ☐   🚩 _______   🌡 _______

Strażak:	
Pocisk:	Głębokość siedzenia:
Proszek:	Ziarna:
Podkład:	
Mosiądz:	
Odległość:	

Wyniki ogólne

☐ zły   ☐ targi   ☐ dobra   ☐ doskonale

Uwagi dodatkowe

____

____

____

☆ ☆ ☆ ☆ ☆

Idealny pomysł na prezent dla początkujących i profesjonalistów

Dziennik danych strzelectwa sportowego

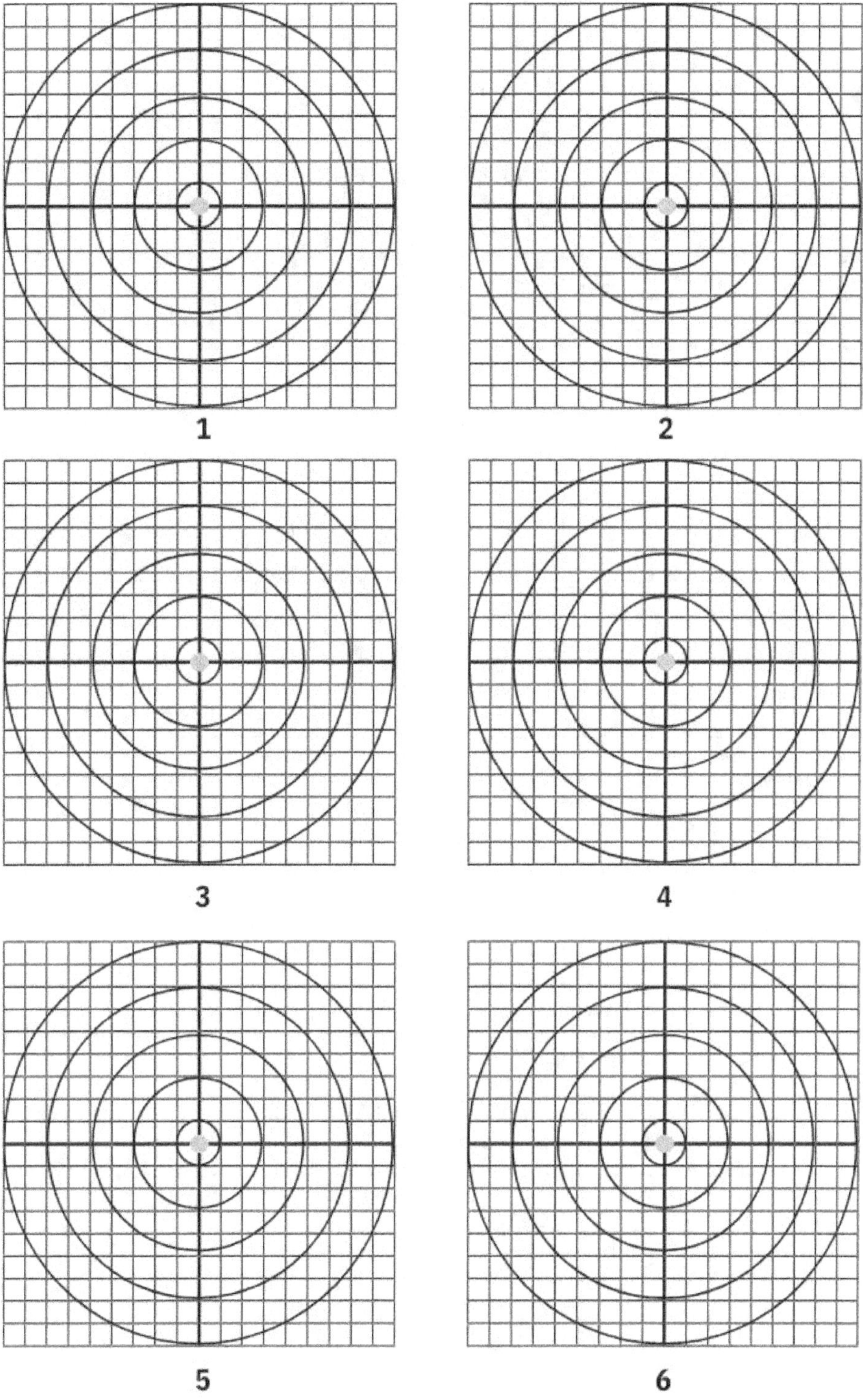

Idealny pomysł na prezent dla początkujących i profesjonalistów

Dziennik danych strzelectwa sportowego

📅 Data: _______________________ 🕐 Czas: _____________

📍 Lokalizacja: ____

Warunki pogodowe

☐　　☐　　☐　　☐　　☐　　☐　　＿＿　　＿＿

Strażak:	
Pocisk:	Głębokość siedzenia:
Proszek:	Ziarna:
Podkład:	
Mosiądz:	
Odległość:	

Wyniki ogólne

☐ zły　　　☐ targi　　　☐ dobra　　　☐ doskonale

Uwagi dodatkowe

____

____

____

☆ ☆ ☆ ☆ ☆

Idealny pomysł na prezent dla początkujących i profesjonalistów

Dziennik danych strzelectwa sportowego

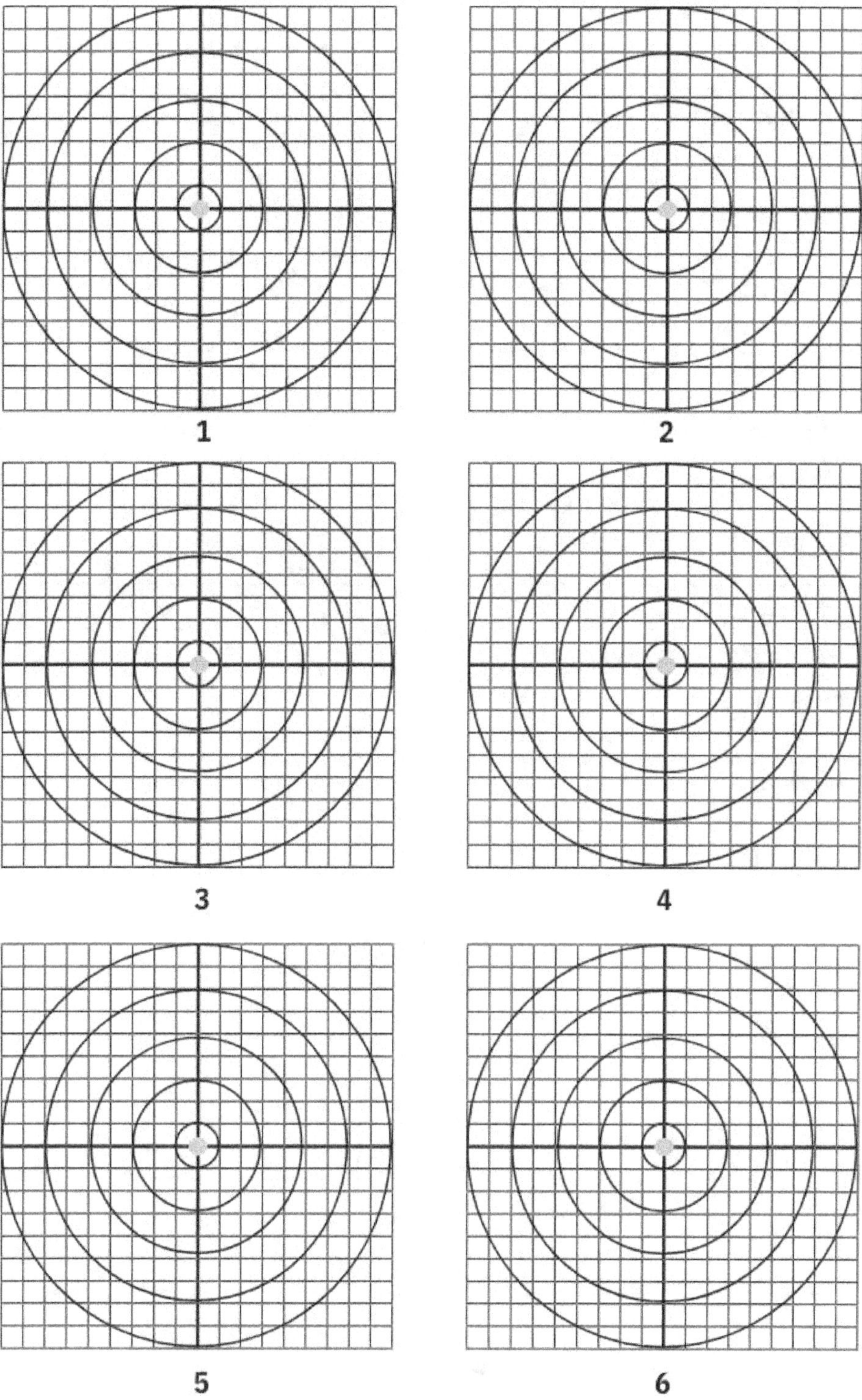

Idealny pomysł na prezent dla początkujących i profesjonalistów

Dziennik danych strzelectwa sportowego

📅 Data: ________________________ 🕐 Czas: __________

📍 Lokalizacja: ______________________________

Warunki pogodowe

☐   ☐   ☐   ☐   ☐   ☐

Strażak:	
Pocisk:	Głębokość siedzenia:
Proszek:	Ziarna:
Podkład:	
Mosiądz:	
Odległość:	

Wyniki ogólne

☐ zły   ☐ targi   ☐ dobra   ☐ doskonale

Uwagi dodatkowe

____

____

____

☆ ☆ ☆ ☆ ☆

Idealny pomysł na prezent dla początkujących i profesjonalistów

Dziennik danych strzelectwa sportowego

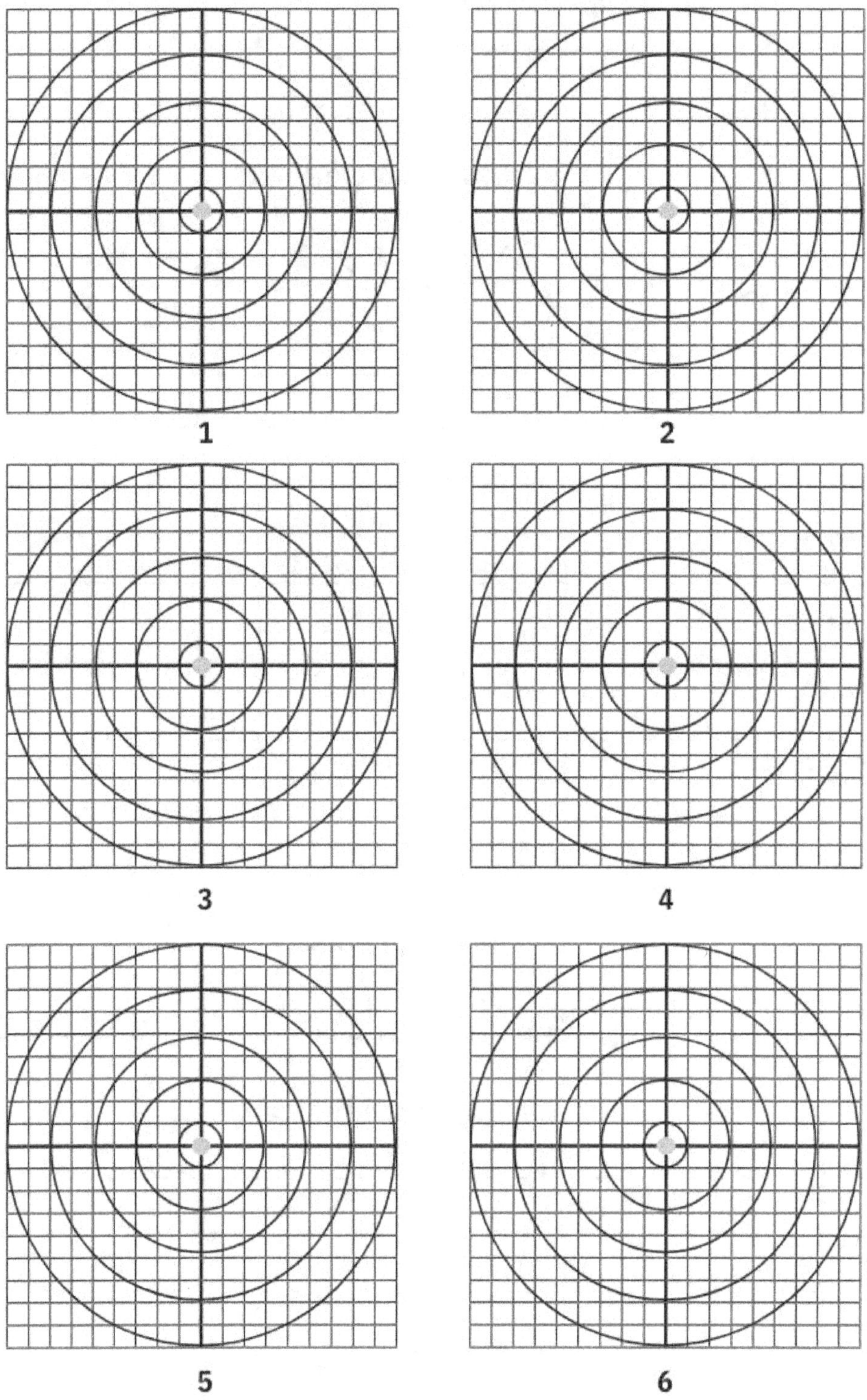

Idealny pomysł na prezent dla początkujących i profesjonalistów

Dziennik danych strzelectwa sportowego

📅 Data: _______________   🕐 Czas: _______________

📍 Lokalizacja: _______________

Warunki pogodowe

☐   ☐   ☐   ☐   ☐   ☐

Strażak:	
Pocisk:	Głębokość siedzenia:
Proszek:	Ziarna:
Podkład:	
Mosiądz:	
Odległość:	

Wyniki ogólne

☐ zły   ☐ targi   ☐ dobra   ☐ doskonale

Uwagi dodatkowe

____

____

____

☆ ☆ ☆ ☆ ☆

Idealny pomysł na prezent dla początkujących i profesjonalistów

Dziennik danych strzelectwa sportowego

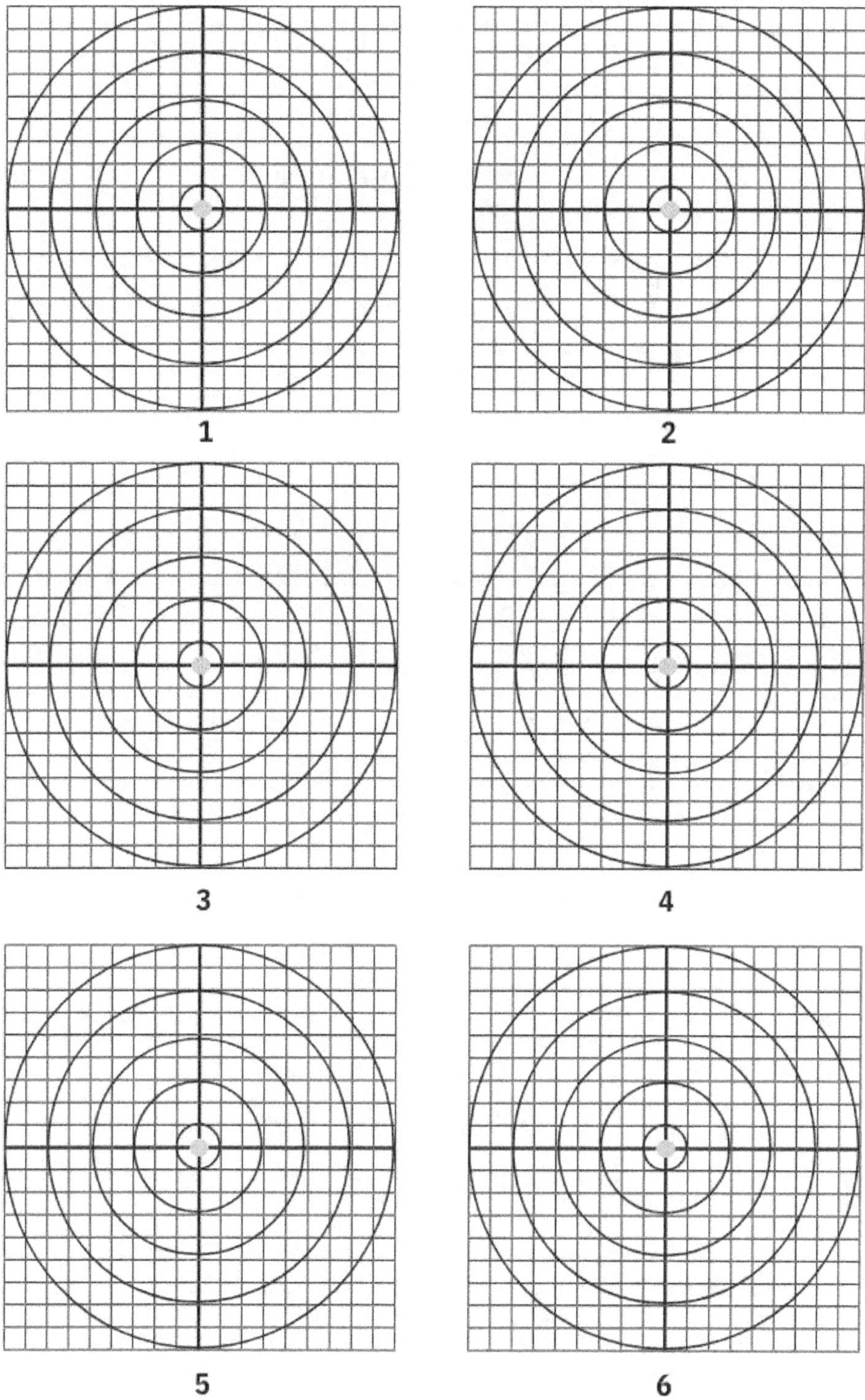

Idealny pomysł na prezent dla początkujących i profesjonalistów

Dziennik danych strzelectwa sportowego

📅 Data: _______________   🕐 Czas: _______________

📍 Lokalizacja: _______________________________

Warunki pogodowe

☐   ☐   ☐   ☐   ☐   ☐   🚩 _______   🌡 _______

Strażak:	
Pocisk:	Głębokość siedzenia:
Proszek:	Ziarna:
Podkład:	
Mosiądz:	
Odległość:	

Wyniki ogólne

☐ zły   ☐ targi   ☐ dobra   ☐ doskonale

Uwagi dodatkowe

____

____

____

☆ ☆ ☆ ☆ ☆

Idealny pomysł na prezent dla początkujących i profesjonalistów

Dziennik danych strzelectwa sportowego

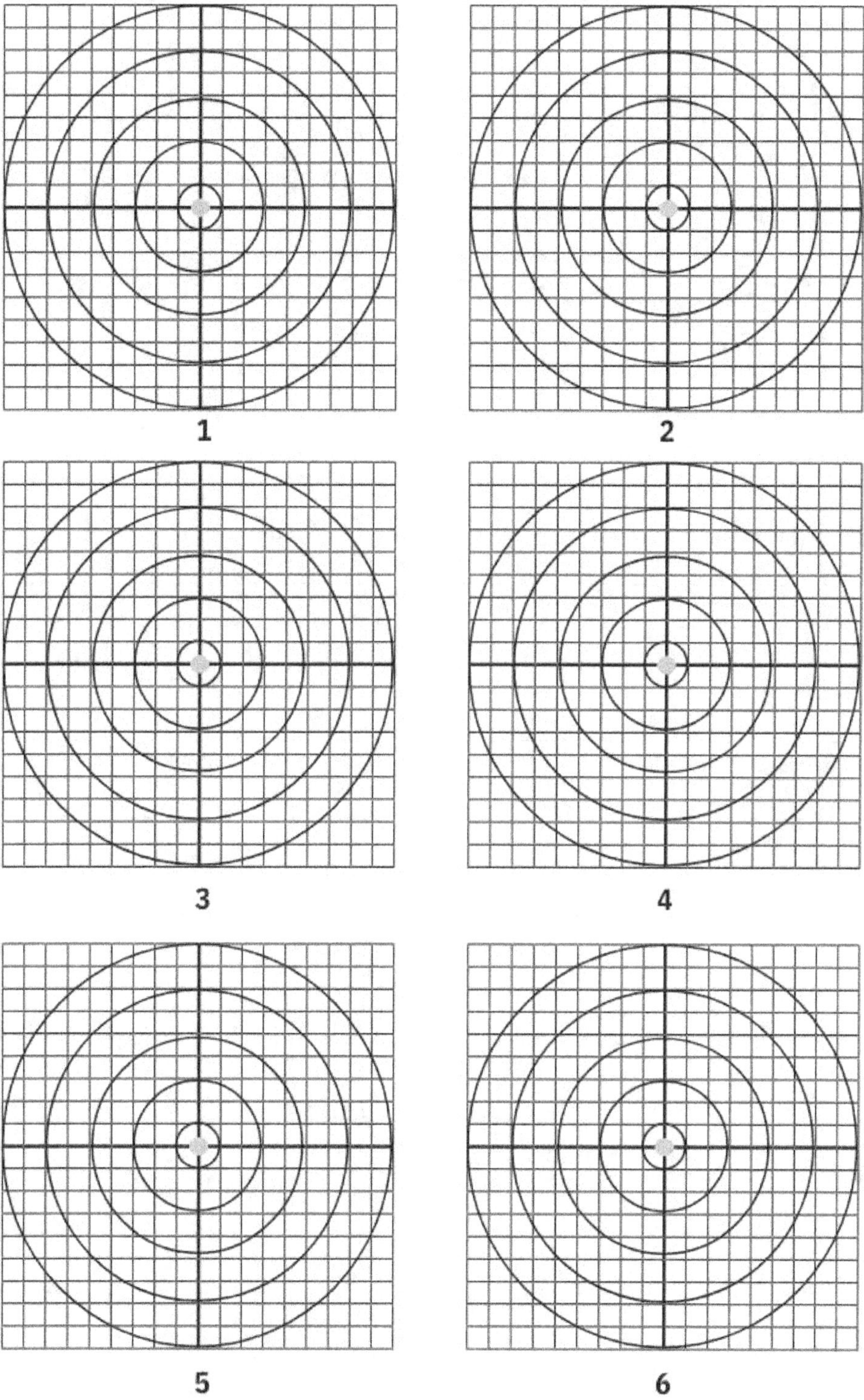

Idealny pomysł na prezent dla początkujących i profesjonalistów

Dziennik danych strzelectwa sportowego

📅 Data: _______________ 🕐 Czas: _______

📍 Lokalizacja: _____________________

Warunki pogodowe

☐ ☐ ☐ ☐ ☐ ☐

Strażak:	
Pocisk:	Głębokość siedzenia:
Proszek:	Ziarna:
Podkład:	
Mosiądz:	
Odległość:	

Wyniki ogólne

☐ zły ☐ targi ☐ dobra ☐ doskonale

Uwagi dodatkowe

____

____

____

☆ ☆ ☆ ☆ ☆

Idealny pomysł na prezent dla początkujących i profesjonalistów

Dziennik danych strzelectwa sportowego

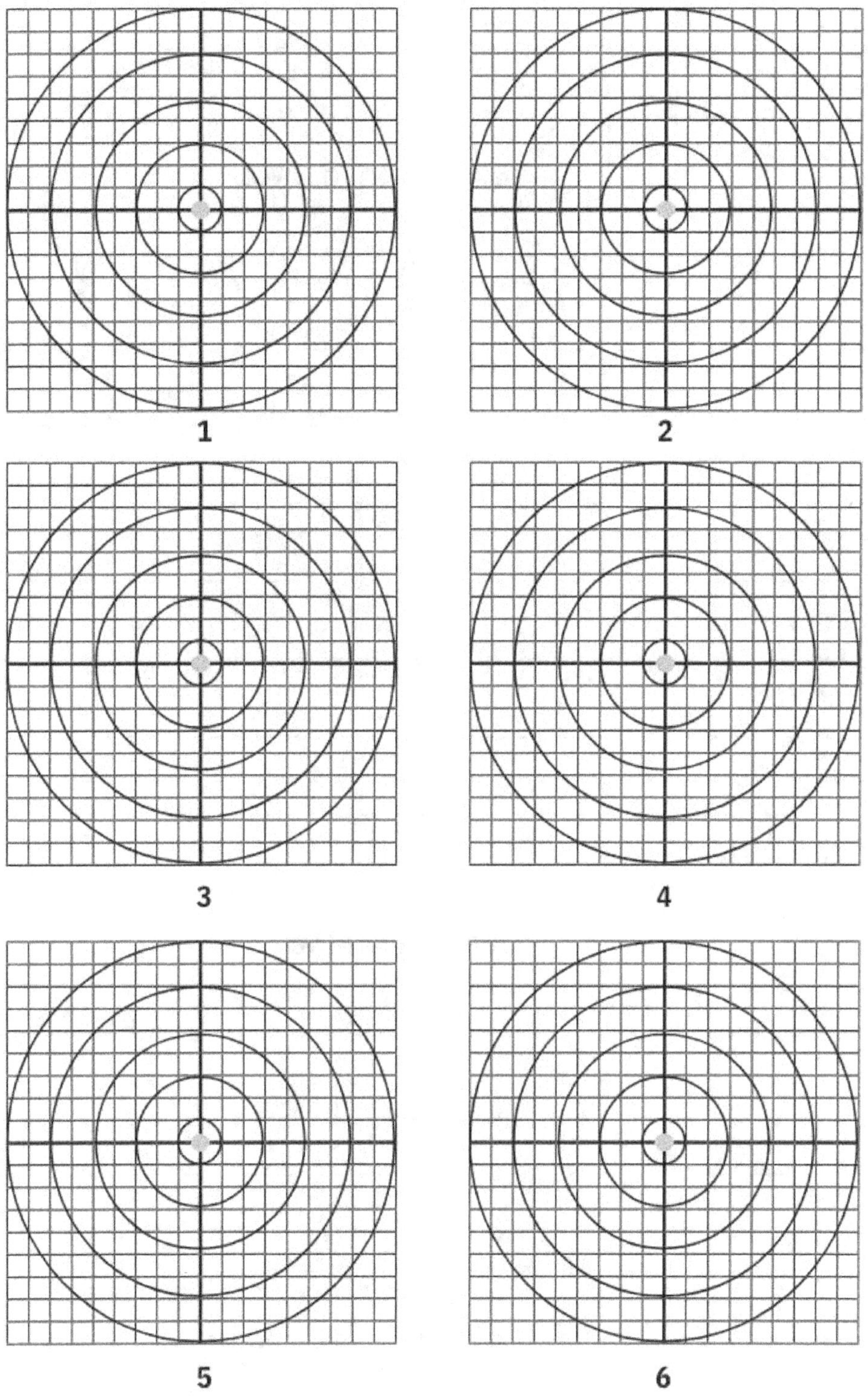

Idealny pomysł na prezent dla początkujących i profesjonalistów

Dziennik danych strzelectwa sportowego

📅 Data: _________________ 🕐 Czas: __________

📍 Lokalizacja: _______________________________

Warunki pogodowe

☐ ☐ ☐ ☐ ☐ ☐ ⚑ _______ 🌡 _______

Strażak:	
Pocisk:	Głębokość siedzenia:
Proszek:	Ziarna:
Podkład:	
Mosiądz:	
Odległość:	

Wyniki ogólne

☐ zły   ☐ targi   ☐ dobra   ☐ doskonale

Uwagi dodatkowe

____

____

____

☆ ☆ ☆ ☆ ☆

Idealny pomysł na prezent dla początkujących i profesjonalistów

Dziennik danych strzelectwa sportowego

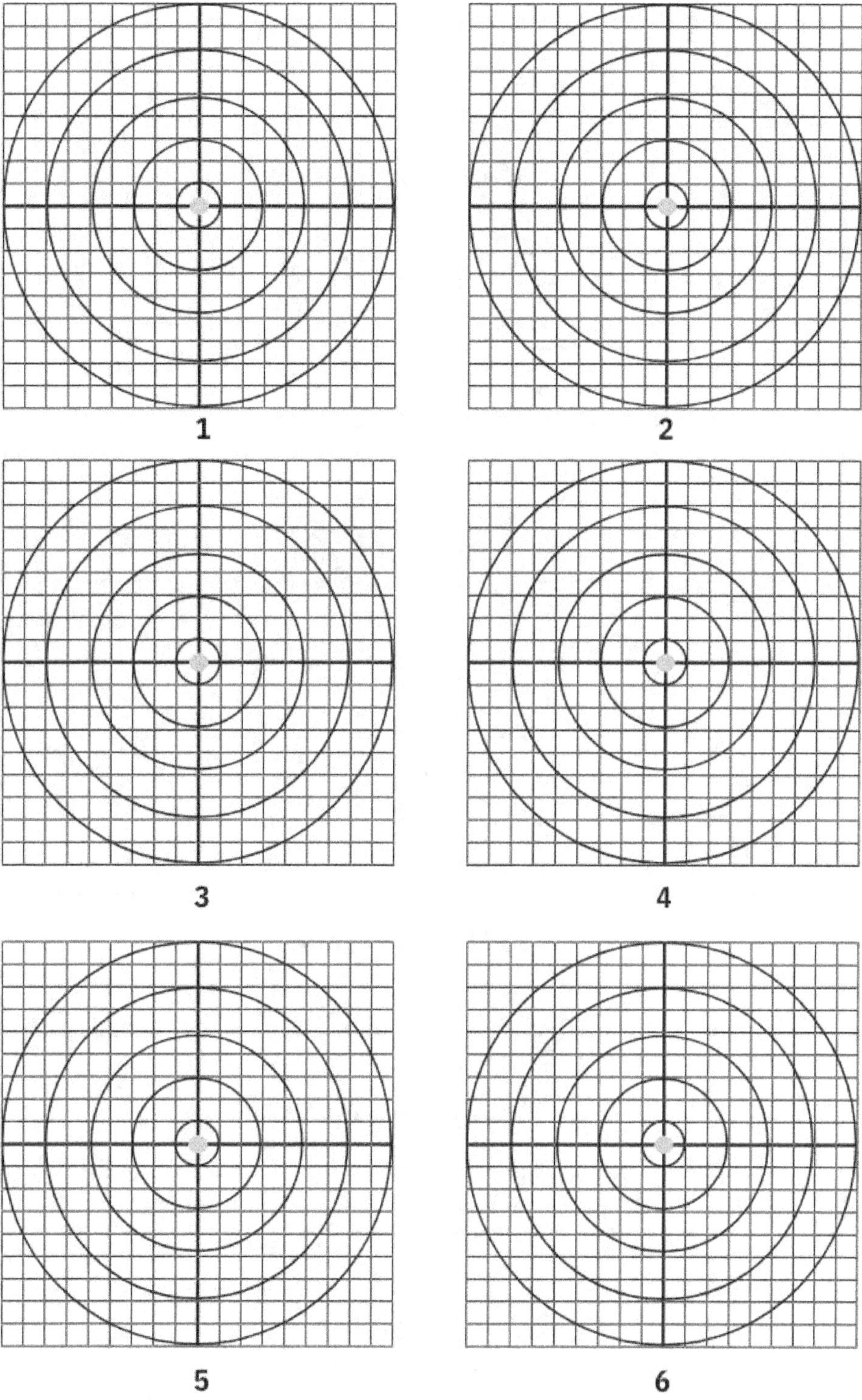

Idealny pomysł na prezent dla początkujących i profesjonalistów

Dziennik danych strzelectwa sportowego

📅 Data: _________________________ 🕐 Czas: _____________

📍 Lokalizacja: _______________________________________

Warunki pogodowe

☐   ☐   ☐   ☐   ☐   ☐   ⚑ _________   🌡 _________

Strażak:	
Pocisk:	Głębokość siedzenia:
Proszek:	Ziarna:
Podkład:	
Mosiądz:	
Odległość:	

Wyniki ogólne

☐ zły   ☐ targi   ☐ dobra   ☐ doskonale

Uwagi dodatkowe

____

____

____

☆ ☆ ☆ ☆ ☆

Idealny pomysł na prezent dla początkujących i profesjonalistów

Dziennik danych strzelectwa sportowego

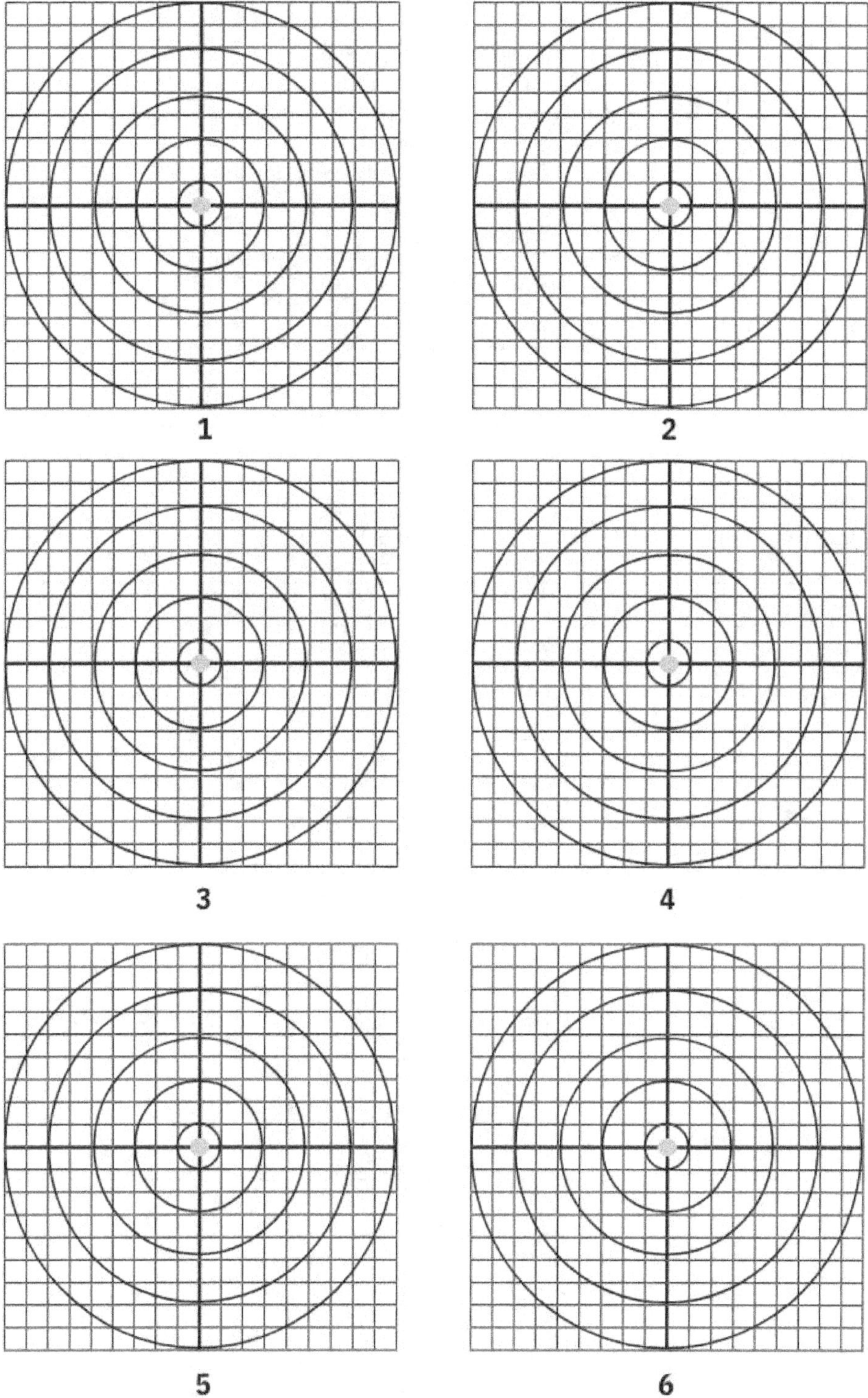

Idealny pomysł na prezent dla początkujących i profesjonalistów

Dziennik danych strzelectwa sportowego

📅 Data: _________________ 🕐 Czas: _________

📍 Lokalizacja: _____________________________

Warunki pogodowe

☀ ☐   ☁ ☐   ⛅ ☐   🌧 ☐   🌧 ☐   🌨 ☐   🚩 ____   🌡 ____

Strażak:	
Pocisk:	Głębokość siedzenia:
Proszek:	Ziarna:
Podkład:	
Mosiądz:	
Odległość:	

Wyniki ogólne

☐ zły   ☐ targi   ☐ dobra   ☐ doskonale

Uwagi dodatkowe

____

____

____

☆ ☆ ☆ ☆ ☆

Idealny pomysł na prezent dla początkujących i profesjonalistów

Dziennik danych strzelectwa sportowego

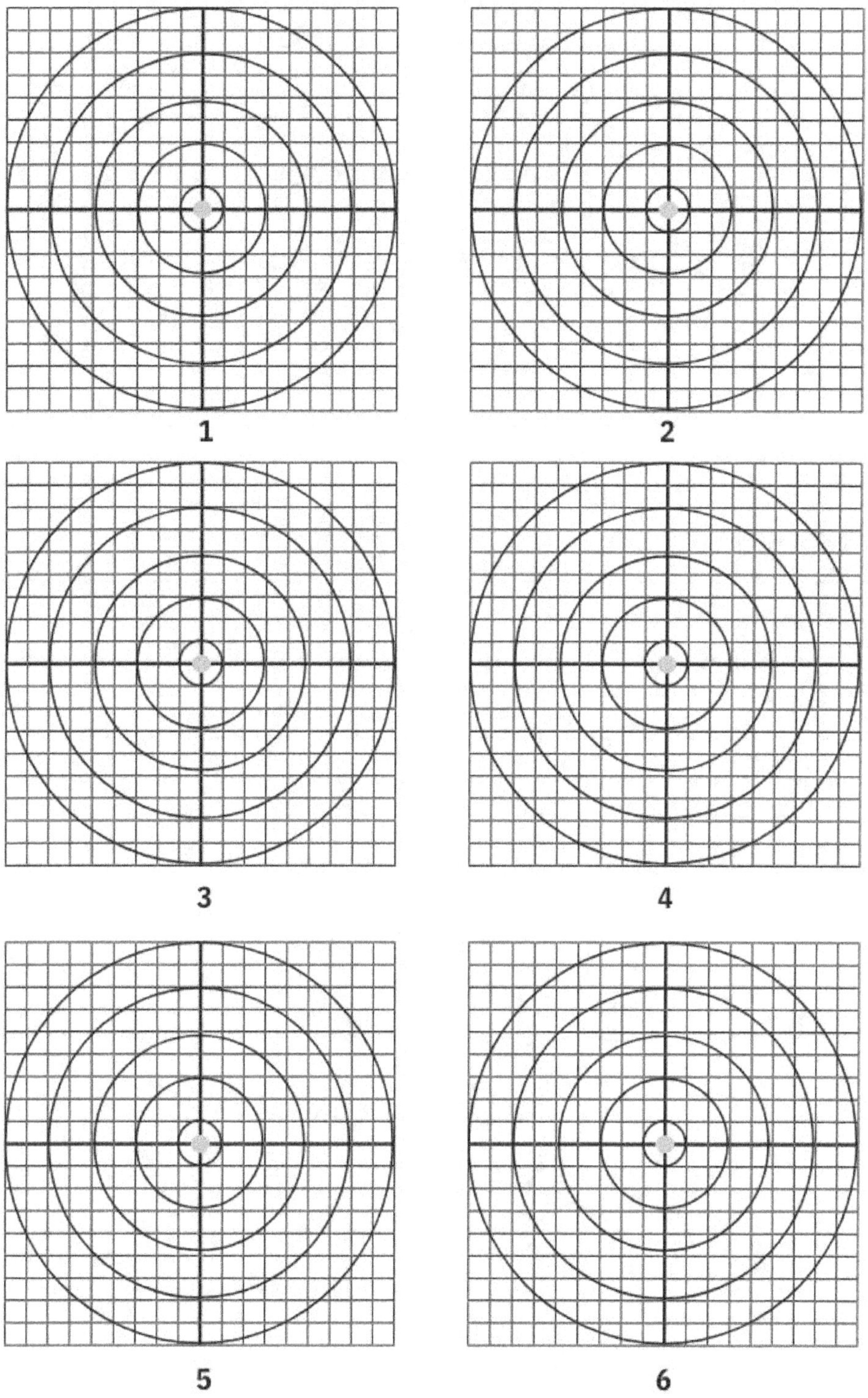

Idealny pomysł na prezent dla początkujących i profesjonalistów

Dziennik danych strzelectwa sportowego

📅 Data: _______________________ 🕐 Czas: _______________

📍 Lokalizacja: ____

Warunki pogodowe

☐ ☐ ☐ ☐ ☐ ☐ _______ _______

Strażak:	
Pocisk:	Głębokość siedzenia:
Proszek:	Ziarna:
Podkład:	
Mosiądz:	
Odległość:	

Wyniki ogólne

☐ zły   ☐ targi   ☐ dobra   ☐ doskonale

Uwagi dodatkowe

____

____

____

☆ ☆ ☆ ☆ ☆

Idealny pomysł na prezent dla początkujących i profesjonalistów

Dziennik danych strzelectwa sportowego

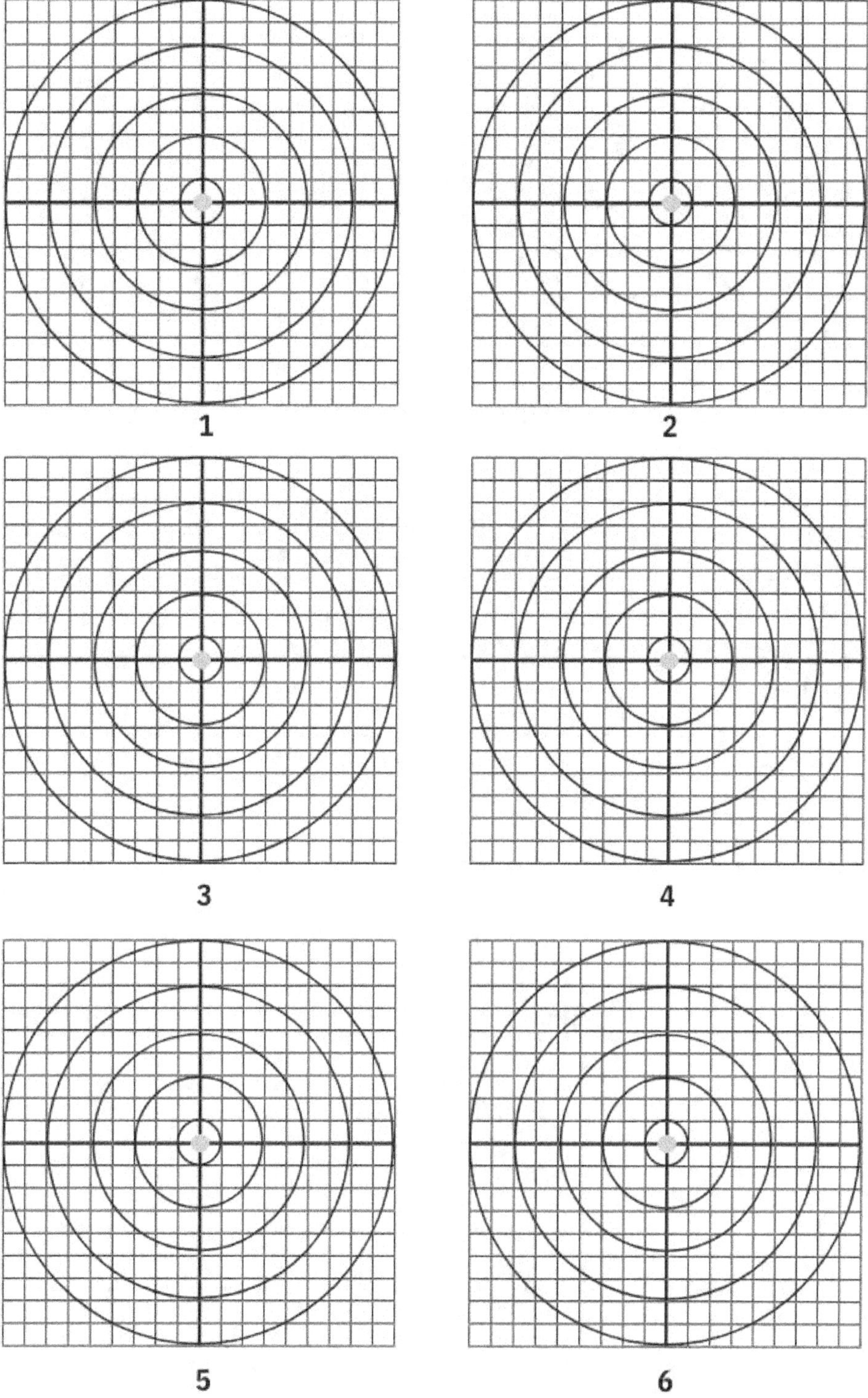

Idealny pomysł na prezent dla początkujących i profesjonalistów

Dziennik danych strzelectwa sportowego

📅 Data: __________________   🕐 Czas: __________

📍 Lokalizacja: __________________________________

Warunki pogodowe

☀️ ☐   ⛅ ☐   🌤️ ☐   🌧️ ☐   🌧️ ☐   🌨️ ☐   🚩 _____   🌡️ _____

Strażak:	
Pocisk:	Głębokość siedzenia:
Proszek:	Ziarna:
Podkład:	
Mosiądz:	
Odległość:	

Wyniki ogólne

☐ zły   ☐ targi   ☐ dobra   ☐ doskonale

Uwagi dodatkowe

____

____

____

☆ ☆ ☆ ☆ ☆

Idealny pomysł na prezent dla początkujących i profesjonalistów

Dziennik danych strzelectwa sportowego

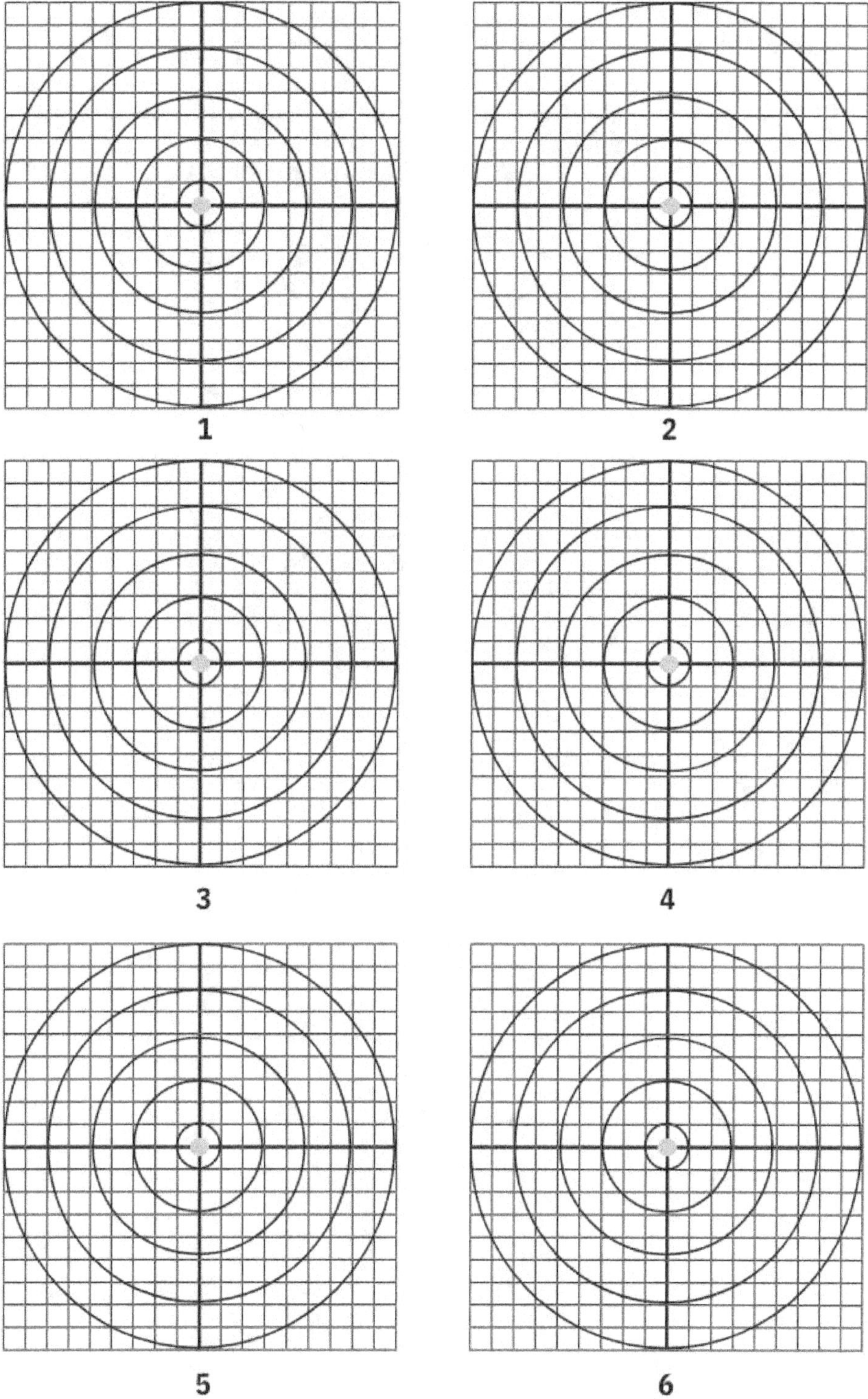

Idealny pomysł na prezent dla początkujących i profesjonalistów

Dziennik danych strzelectwa sportowego

📅 Data: _______________   🕐 Czas: _______________

📍 Lokalizacja: _______________________________________

Warunki pogodowe

☐ ☐ ☐ ☐ ☐ ☐ ______ ______

Strażak:	
Pocisk:	Głębokość siedzenia:
Proszek:	Ziarna:
Podkład:	
Mosiądz:	
Odległość:	

Wyniki ogólne

☐ zły   ☐ targi   ☐ dobra   ☐ doskonale

Uwagi dodatkowe

____

____

____

☆ ☆ ☆ ☆ ☆

Idealny pomysł na prezent dla początkujących i profesjonalistów

Dziennik danych strzelectwa sportowego

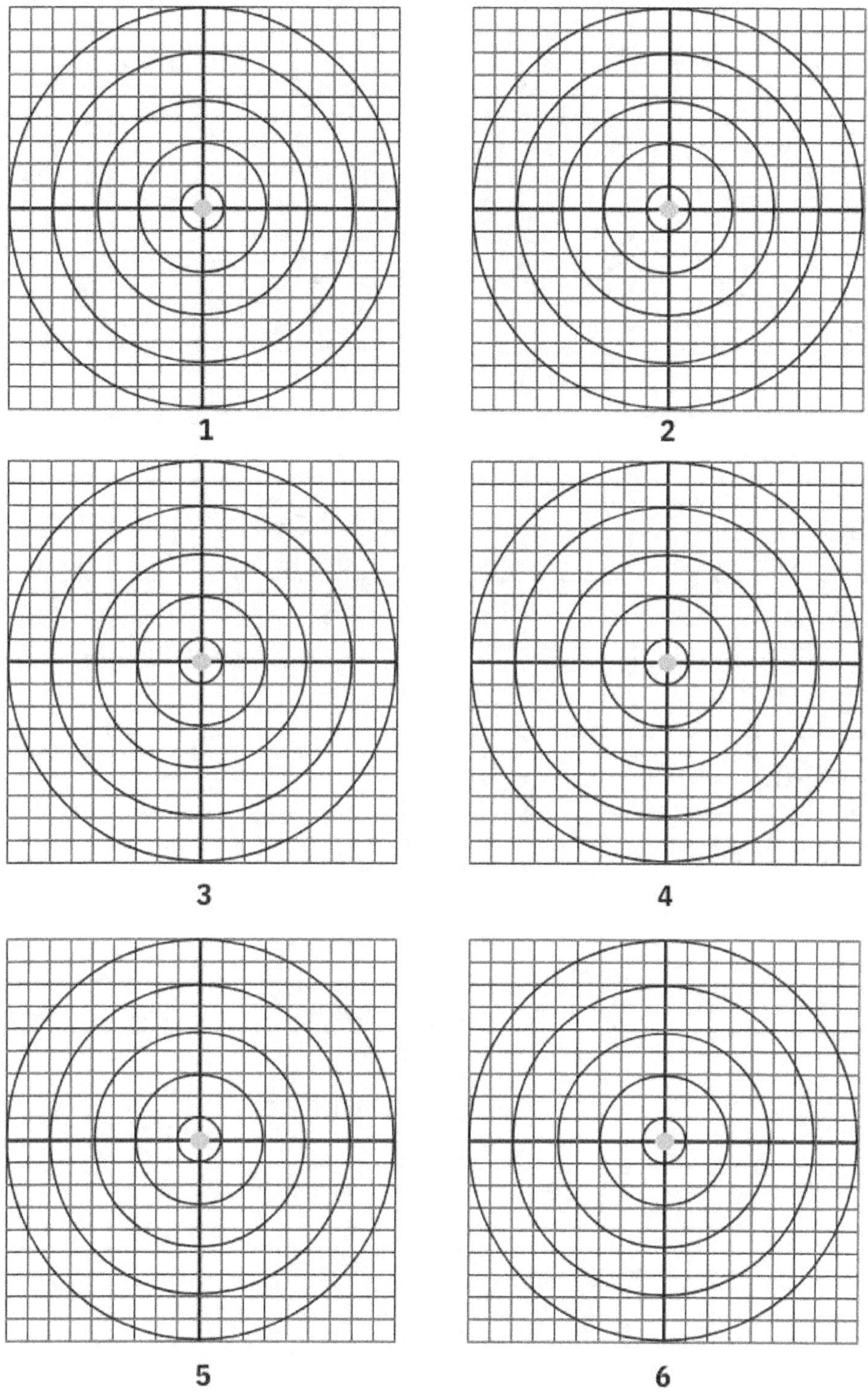

Idealny pomysł na prezent dla początkujących i profesjonalistów

Dziennik danych strzelectwa sportowego

📅 Data: _______________________   🕐 Czas: _______________

📍 Lokalizacja: _______________________________________

Warunki pogodowe

☐   ☐   ☐   ☐   ☐   ☐   _______   _______

Strażak:	
Pocisk:	Głębokość siedzenia:
Proszek:	Ziarna:
Podkład:	
Mosiądz:	
Odległość:	

Wyniki ogólne

☐ zły   ☐ targi   ☐ dobra   ☐ doskonale

Uwagi dodatkowe

____

____

____

☆ ☆ ☆ ☆ ☆

Idealny pomysł na prezent dla początkujących i profesjonalistów

Dziennik danych strzelectwa sportowego

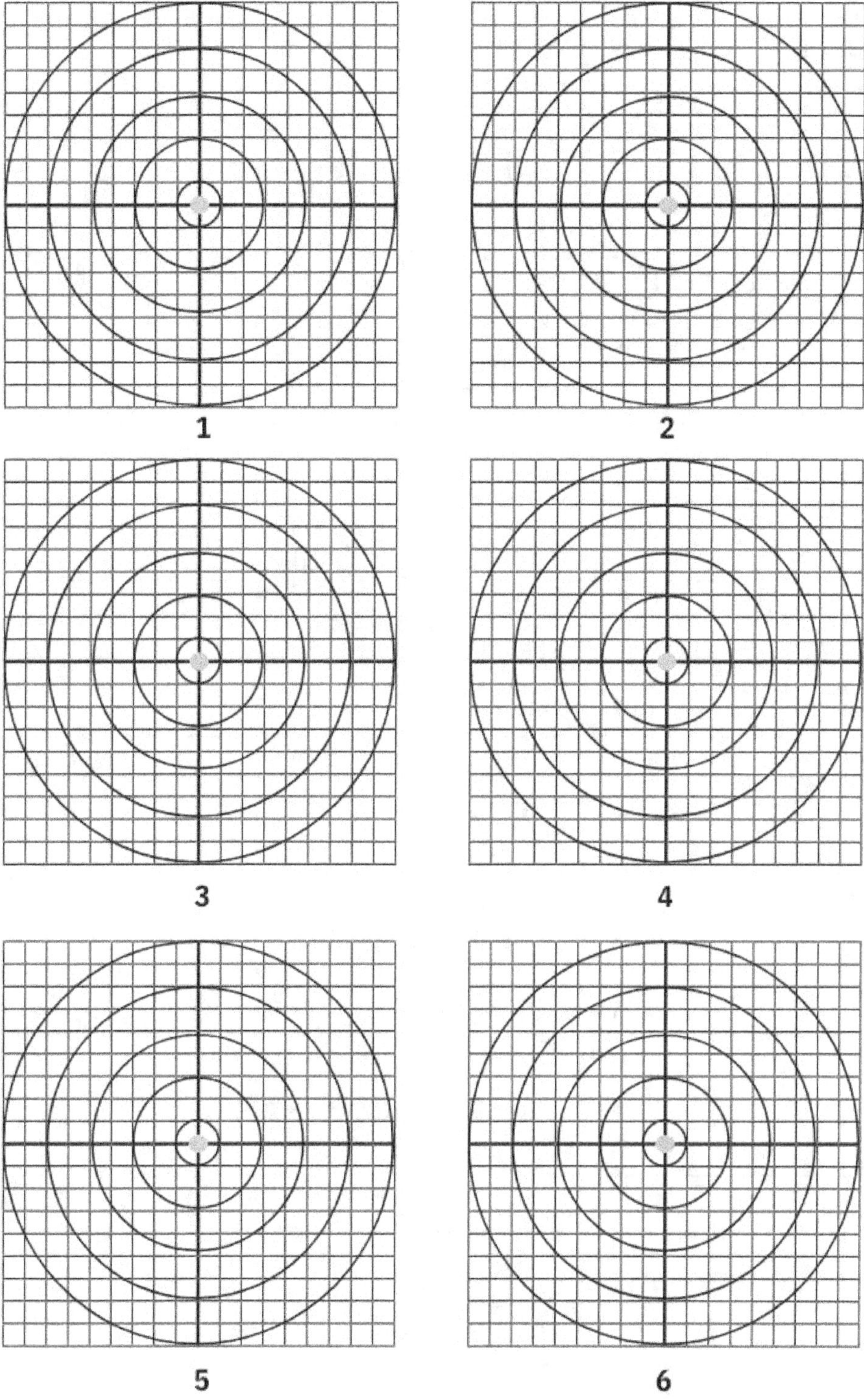

Idealny pomysł na prezent dla początkujących i profesjonalistów

Dziennik danych strzelectwa sportowego

📅 Data: _______________________   🕐 Czas: ___________

📍 Lokalizacja: _________________________________

Warunki pogodowe

☐   ☐   ☐   ☐   ☐   ☐   ⚐ _______   🌡 _______

Strażak:	
Pocisk:	Głębokość siedzenia:
Proszek:	Ziarna:
Podkład:	
Mosiądz:	
Odległość:	

Wyniki ogólne

☐ zły   ☐ targi   ☐ dobra   ☐ doskonale

Uwagi dodatkowe

____

____

____

☆ ☆ ☆ ☆ ☆

Idealny pomysł na prezent dla początkujących i profesjonalistów

Dziennik danych strzelectwa sportowego

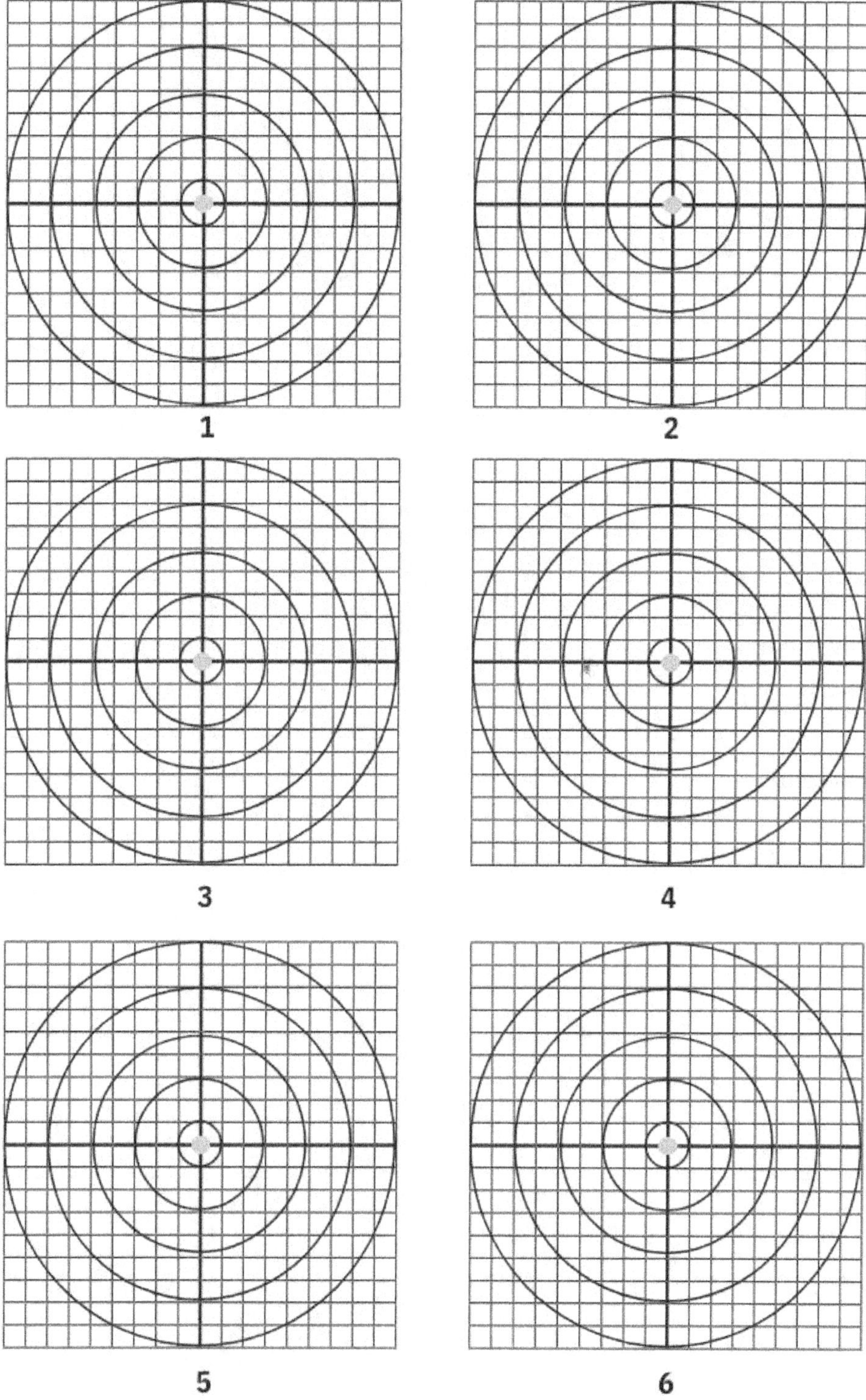

Idealny pomysł na prezent dla początkujących i profesjonalistów

Dziennik danych strzelectwa sportowego

📅 Data: _______________________ 🕐 Czas: ___________

📍 Lokalizacja: _____________________________________

Warunki pogodowe

☐   ☐   ☐   ☐   ☐   ☐

Strażak:	
Pocisk:	Głębokość siedzenia:
Proszek:	Ziarna:
Podkład:	
Mosiądz:	
Odległość:	

Wyniki ogólne

☐ zły   ☐ targi   ☐ dobra   ☐ doskonale

Uwagi dodatkowe

____

____

____

☆ ☆ ☆ ☆ ☆

Idealny pomysł na prezent dla początkujących i profesjonalistów

Dziennik danych strzelectwa sportowego

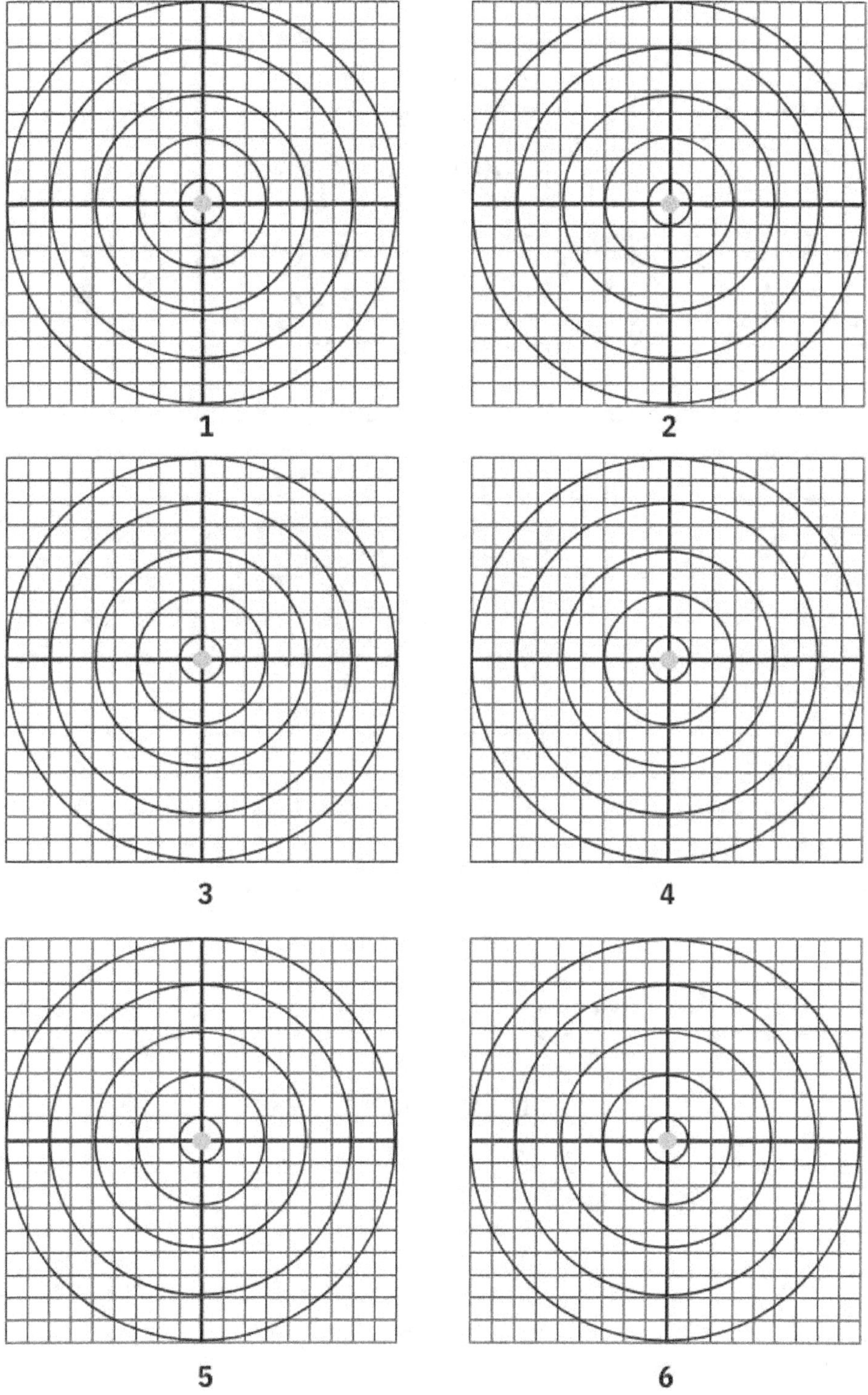

Idealny pomysł na prezent dla początkujących i profesjonalistów

Dziennik danych strzelectwa sportowego

📅 Data: _______________ 🕐 Czas: _______________

📍 Lokalizacja: _______________________________

Warunki pogodowe

☐ ☐ ☐ ☐ ☐ ☐ ____ ____

Strażak:	
Pocisk:	Głębokość siedzenia:
Proszek:	Ziarna:
Podkład:	
Mosiądz:	
Odległość:	

Wyniki ogólne

☐ zły ☐ targi ☐ dobra ☐ doskonale

Uwagi dodatkowe

____

____

____

☆ ☆ ☆ ☆ ☆

Idealny pomysł na prezent dla początkujących i profesjonalistów

Dziennik danych strzelectwa sportowego

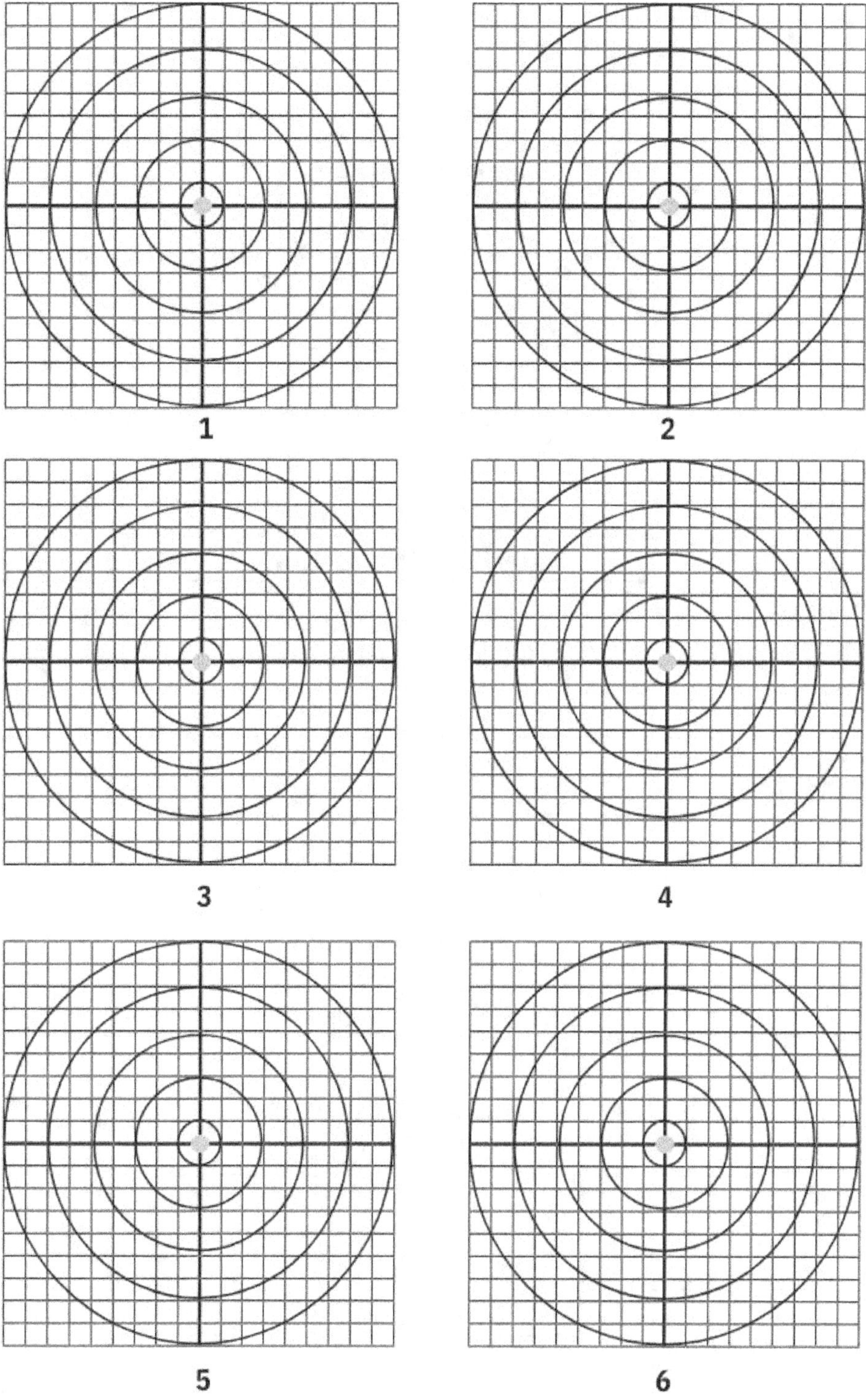

Idealny pomysł na prezent dla początkujących i profesjonalistów

Dziennik danych strzelectwa sportowego

Data: ______________________   **Czas:** ____________

Lokalizacja: _______________________________

Warunki pogodowe

☐   ☐   ☐   ☐   ☐   ☐   _______   _______

Strażak:	
Pocisk:	Głębokość siedzenia:
Proszek:	Ziarna:
Podkład:	
Mosiądz:	
Odległość:	

Wyniki ogólne

☐ zły   ☐ targi   ☐ dobra   ☐ doskonale

Uwagi dodatkowe

____

____

____

☆ ☆ ☆ ☆ ☆

Idealny pomysł na prezent dla początkujących i profesjonalistów

Dziennik danych strzelectwa sportowego

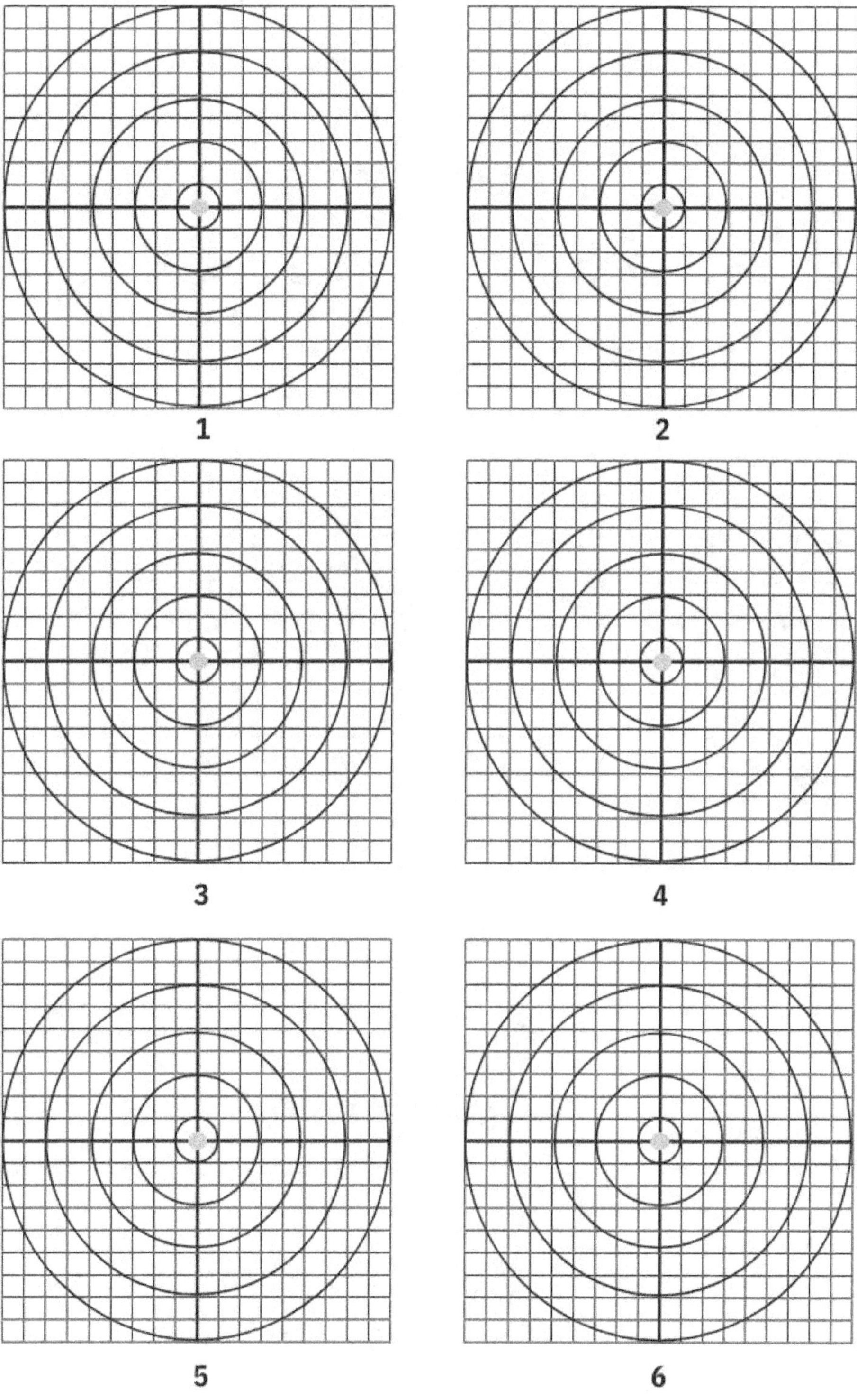

Idealny pomysł na prezent dla początkujących i profesjonalistów

Dziennik danych strzelectwa sportowego

📅 Data: ________________   🕐 Czas: __________

📍 Lokalizacja: _______________________________

Warunki pogodowe

☀ ☐   ⛅ ☐   🌥 ☐   🌧 ☐   🌦 ☐   🌨 ☐   🚩 ______   🌡 ______

Strażak:	
Pocisk:	Głębokość siedzenia:
Proszek:	Ziarna:
Podkład:	
Mosiądz:	
Odległość:	

Wyniki ogólne

☐ zły   ☐ targi   ☐ dobra   ☐ doskonale

Uwagi dodatkowe

____

____

____

☆ ☆ ☆ ☆ ☆

Idealny pomysł na prezent dla początkujących i profesjonalistów

Dziennik danych strzelectwa sportowego

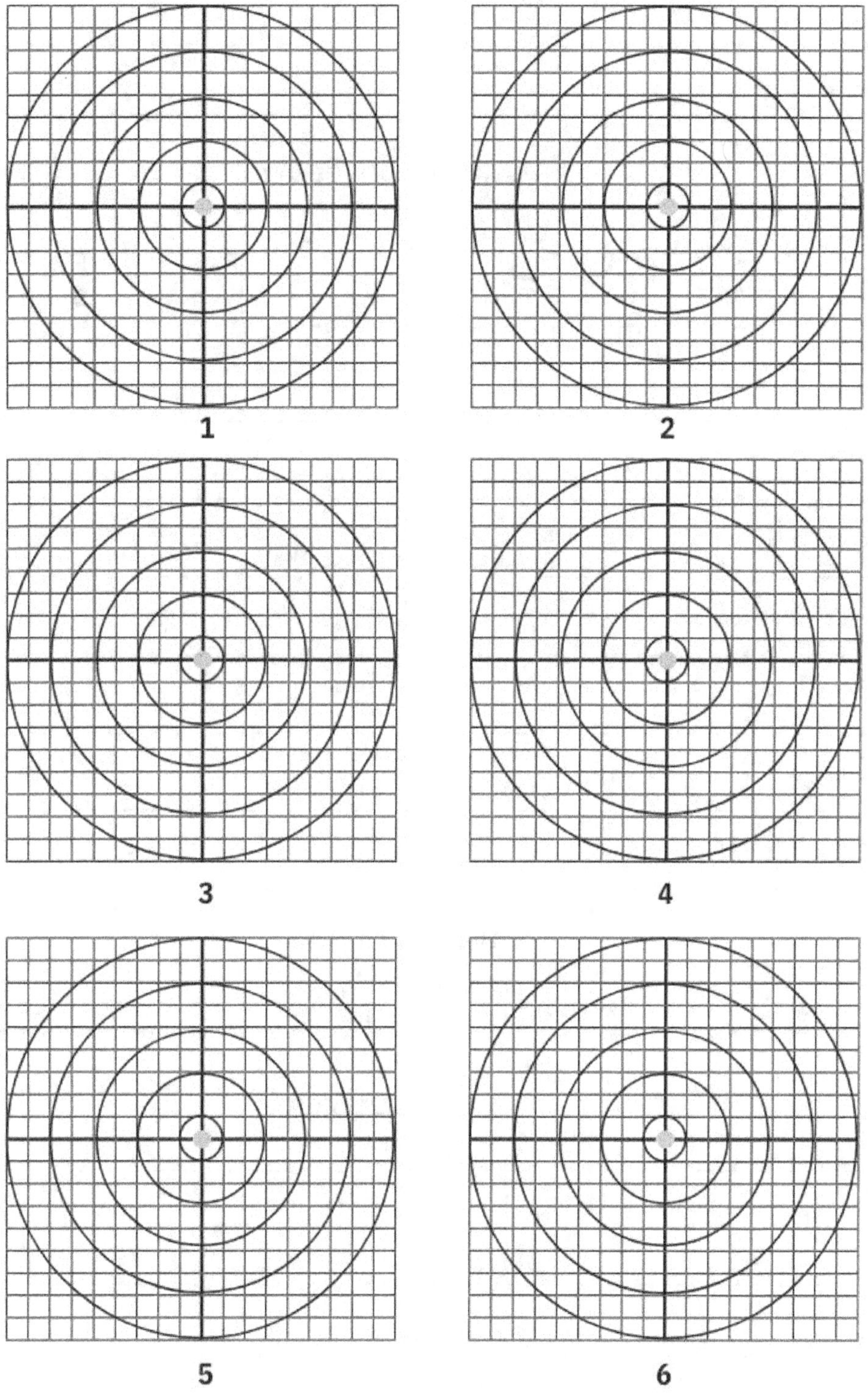

Idealny pomysł na prezent dla początkujących i profesjonalistów

Dziennik danych strzelectwa sportowego

📅 Data: _________________ 🕐 Czas: __________

📍 Lokalizacja: _________________________________

Warunki pogodowe

☐ ☐ ☐ ☐ ☐ ☐

Strażak:	
Pocisk:	Głębokość siedzenia:
Proszek:	Ziarna:
Podkład:	
Mosiądz:	
Odległość:	

Wyniki ogólne

☐ zły   ☐ targi   ☐ dobra   ☐ doskonale

Uwagi dodatkowe

____

____

____

☆ ☆ ☆ ☆ ☆

Idealny pomysł na prezent dla początkujących i profesjonalistów

Dziennik danych strzelectwa sportowego

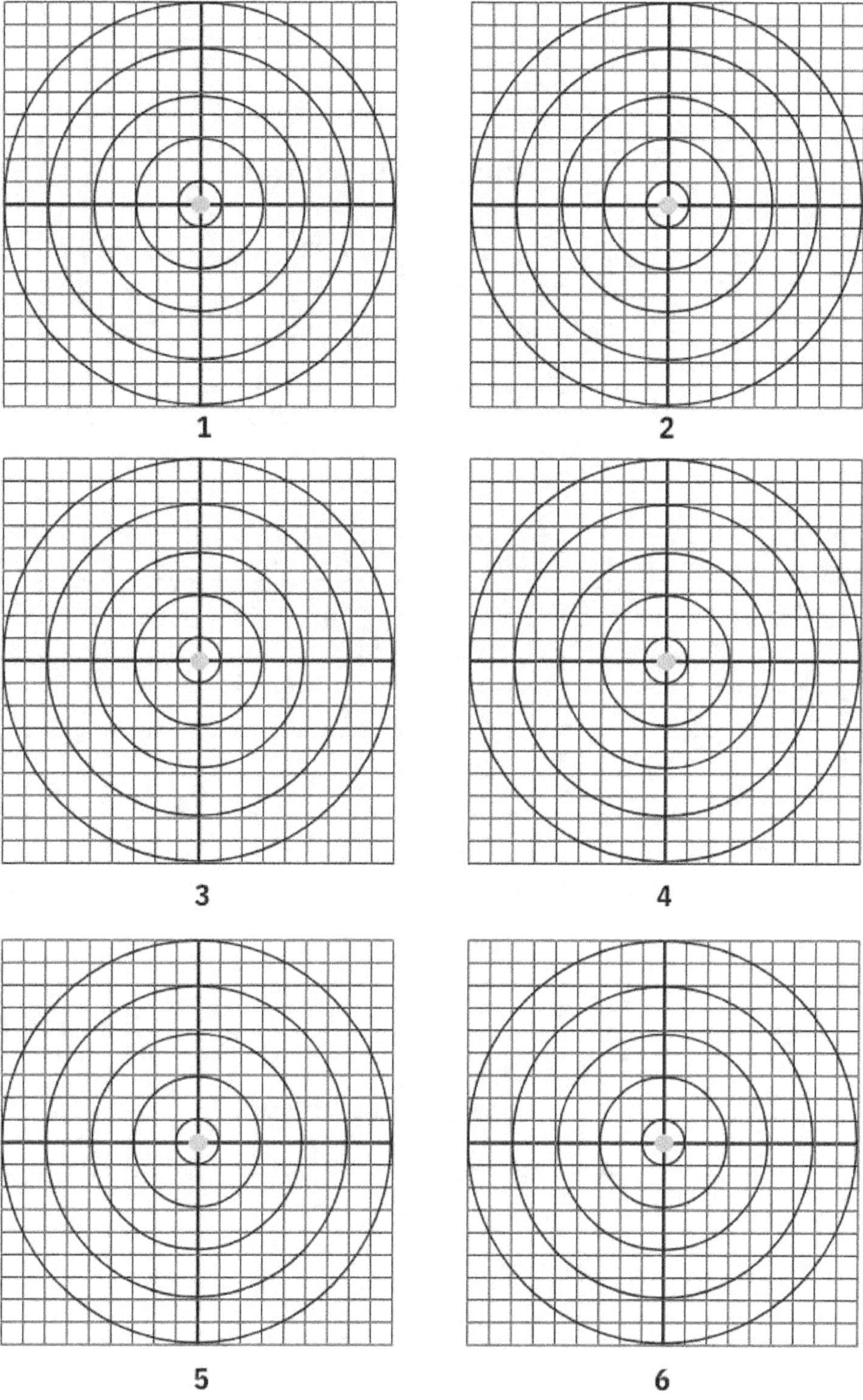

Idealny pomysł na prezent dla początkujących i profesjonalistów

Dziennik danych strzelectwa sportowego

🗓 Data: _______________   🕐 Czas: _______________

📍 Lokalizacja: _______________________________

Warunki pogodowe

☐   ☐   ☐   ☐   ☐   ☐   _______   _______

Strażak:	
Pocisk:	Głębokość siedzenia:
Proszek:	Ziarna:
Podkład:	
Mosiądz:	
Odległość:	

Wyniki ogólne

☐ zły   ☐ targi   ☐ dobra   ☐ doskonale

Uwagi dodatkowe

____

____

____

☆ ☆ ☆ ☆ ☆

Idealny pomysł na prezent dla początkujących i profesjonalistów

Dziennik danych strzelectwa sportowego

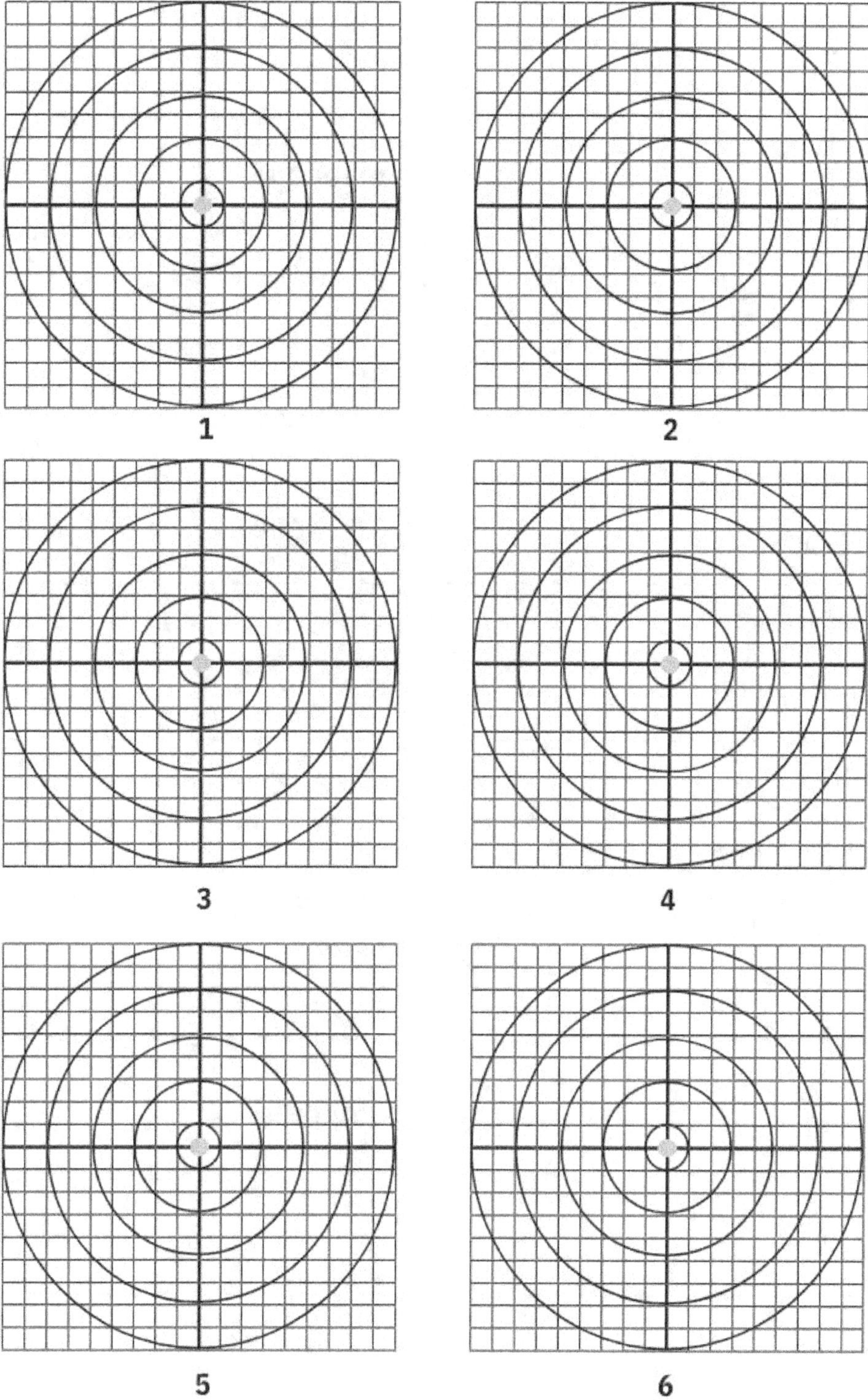

Idealny pomysł na prezent dla początkujących i profesjonalistów

Dziennik danych strzelectwa sportowego

📅 Data: ___________________ 🕐 Czas: _________

📍 Lokalizacja: _________________________________

Warunki pogodowe

☀️ ☐   ⛅ ☐   🌤 ☐   🌦 ☐   🌧 ☐   🌨 ☐   🚩 ______   🌡 ______

Strażak:	
Pocisk:	Głębokość siedzenia:
Proszek:	Ziarna:
Podkład:	
Mosiądz:	
Odległość:	

Wyniki ogólne

☐ zły   ☐ targi   ☐ dobra   ☐ doskonale

Uwagi dodatkowe

____

____

____

☆ ☆ ☆ ☆ ☆

Idealny pomysł na prezent dla początkujących i profesjonalistów

Dziennik danych strzelectwa sportowego

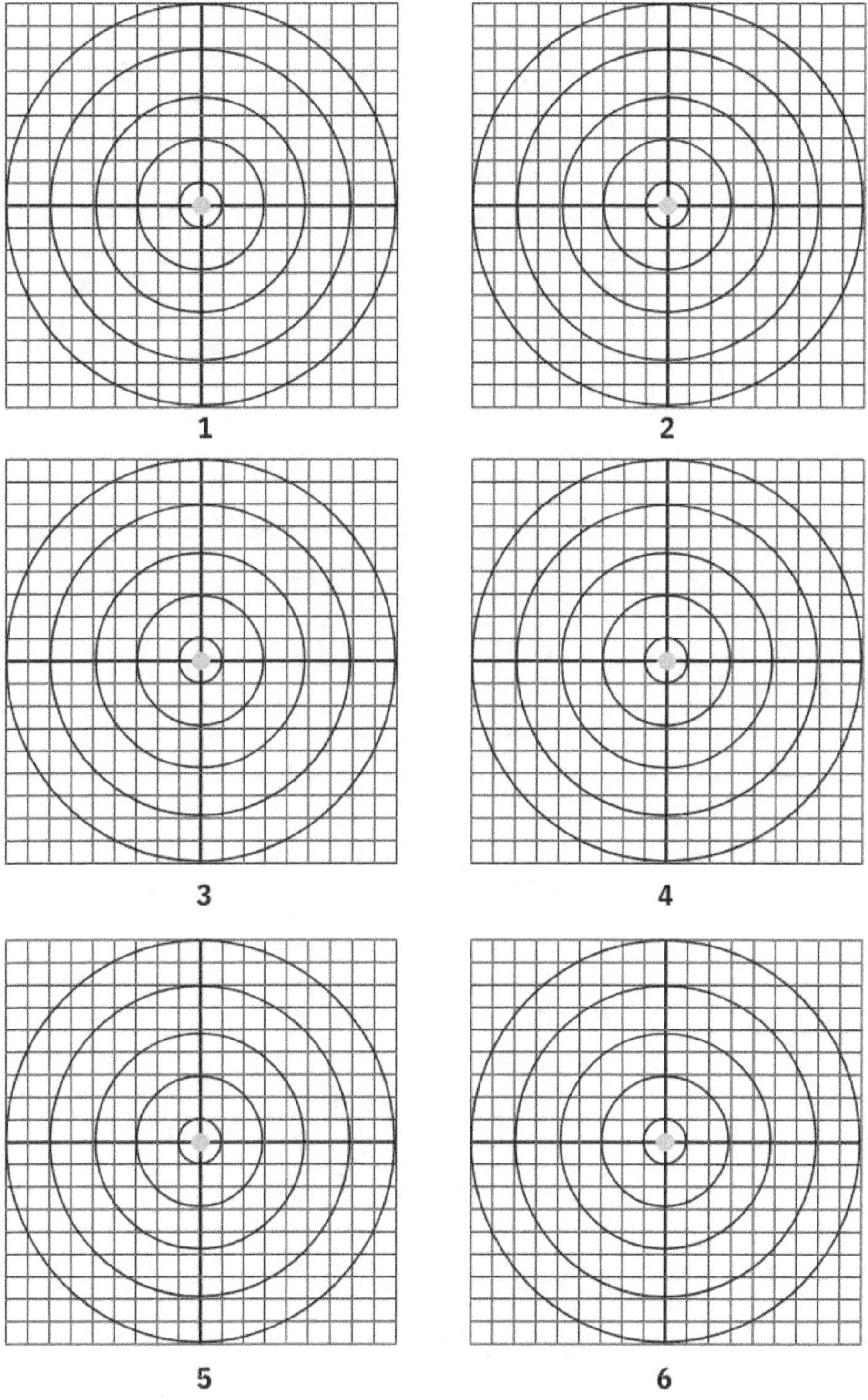

Idealny pomysł na prezent dla początkujących i profesjonalistów

Dziennik danych strzelectwa sportowego

📅 Data: _______________ 🕐 Czas: _______________

📍 Lokalizacja: _______________________________

Warunki pogodowe

☐ ☐ ☐ ☐ ☐ ☐

Strażak:	
Pocisk:	Głębokość siedzenia:
Proszek:	Ziarna:
Podkład:	
Mosiądz:	
Odległość:	

Wyniki ogólne

☐ zły   ☐ targi   ☐ dobra   ☐ doskonale

Uwagi dodatkowe

____

____

____

☆ ☆ ☆ ☆ ☆

Idealny pomysł na prezent dla początkujących i profesjonalistów

Dziennik danych strzelectwa sportowego

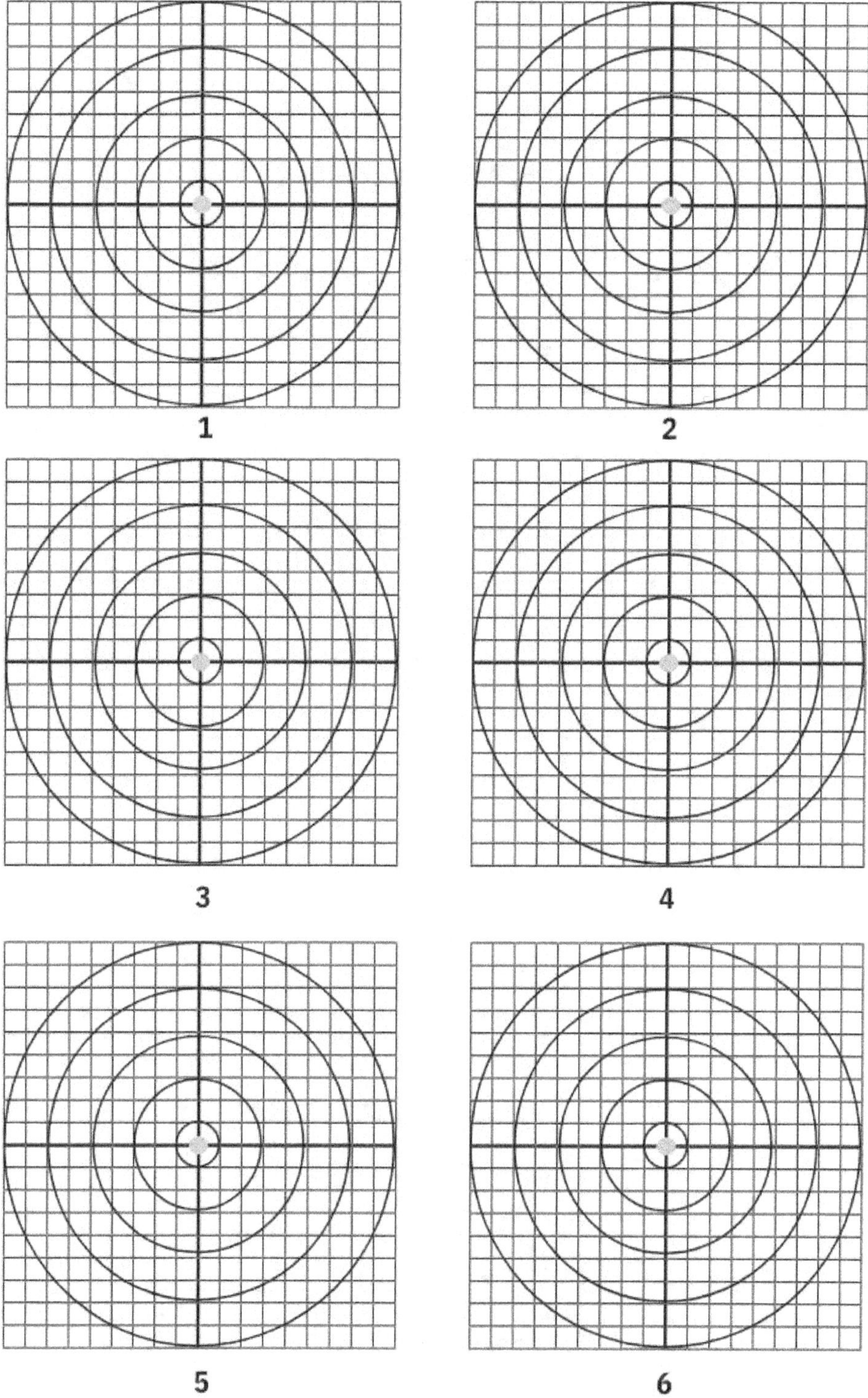

Idealny pomysł na prezent dla początkujących i profesjonalistów

Dziennik danych strzelectwa sportowego

📅 Data: _________________   🕐 Czas: __________

📍 Lokalizacja: _________________________________

Warunki pogodowe

☐   ☐   ☐   ☐   ☐   ☐   ⚑ ______   🌡 ______

Strażak:	
Pocisk:	Głębokość siedzenia:
Proszek:	Ziarna:
Podkład:	
Mosiądz:	
Odległość:	

Wyniki ogólne

☐ zły   ☐ targi   ☐ dobra   ☐ doskonale

Uwagi dodatkowe

____

____

____

☆ ☆ ☆ ☆ ☆

Idealny pomysł na prezent dla początkujących i profesjonalistów

Dziennik danych strzelectwa sportowego

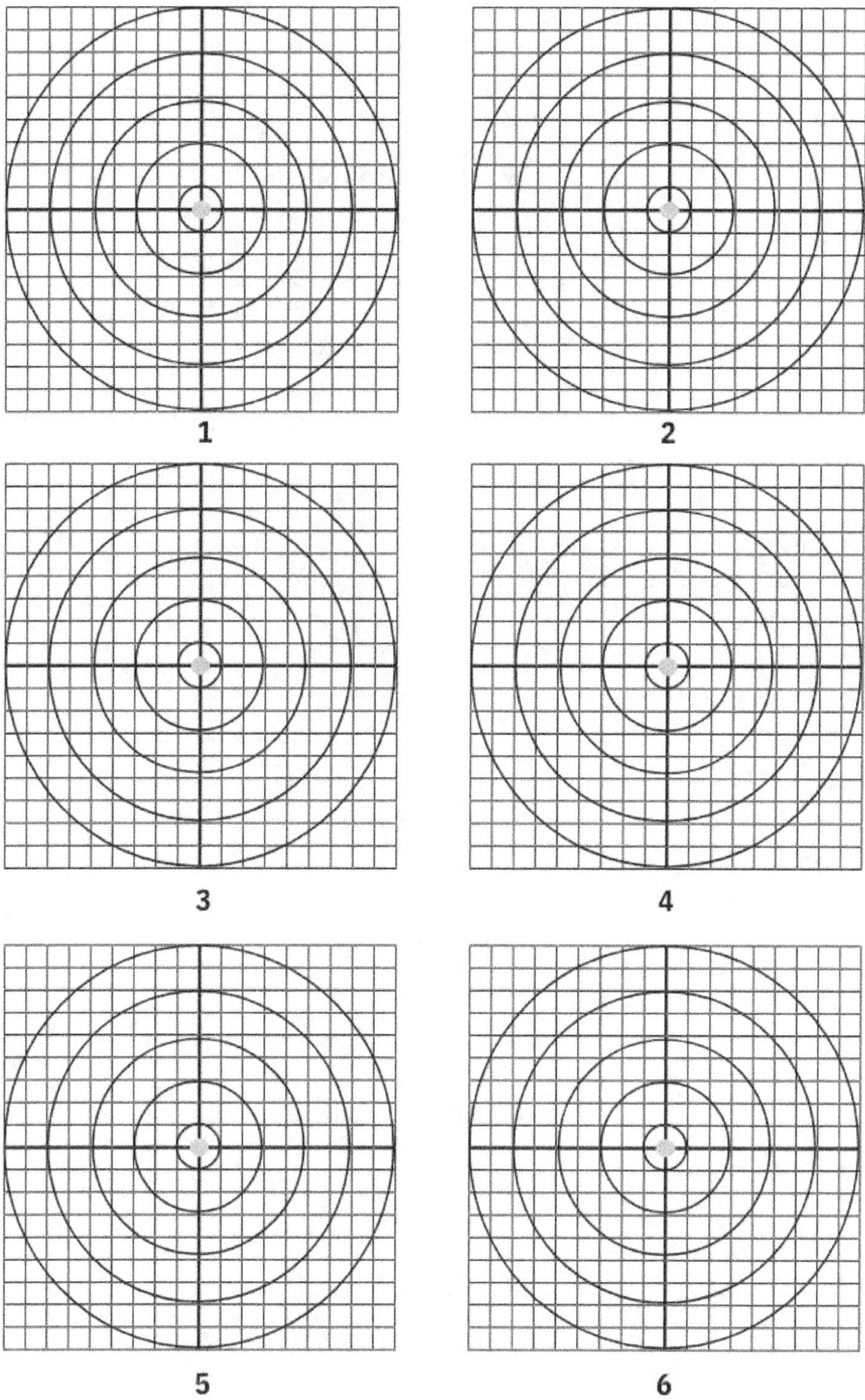

Idealny pomysł na prezent dla początkujących i profesjonalistów

Dziennik danych strzelectwa sportowego

📅 Data: _______________   🕐 Czas: _______________

📍 Lokalizacja: _______________________________

Warunki pogodowe

☐   ☐   ☐   ☐   ☐   ☐   ___   ___

Strażak:	
Pocisk:	Głębokość siedzenia:
Proszek:	Ziarna:
Podkład:	
Mosiądz:	
Odległość:	

Wyniki ogólne

☐ zły   ☐ targi   ☐ dobra   ☐ doskonale

Uwagi dodatkowe

____

____

____

☆ ☆ ☆ ☆ ☆

Idealny pomysł na prezent dla początkujących i profesjonalistów

Dziennik danych strzelectwa sportowego

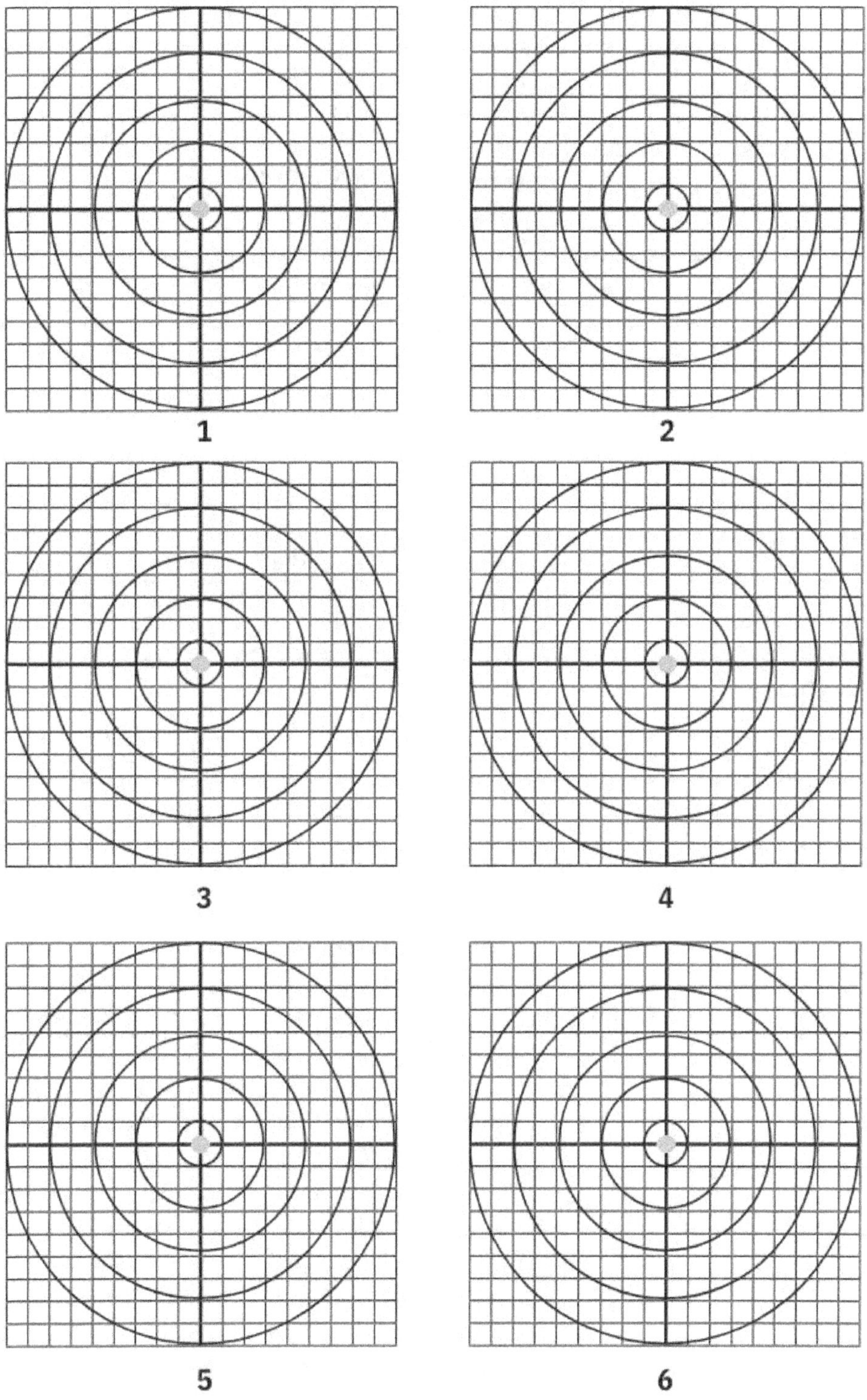

Idealny pomysł na prezent dla początkujących i profesjonalistów

Dziennik danych strzelectwa sportowego

📅 Data: _______________　🕐 Czas: __________

📍 Lokalizacja: _______________________________

Warunki pogodowe

☐　　☐　　☐　　☐　　☐　　☐　　______　　______

Strażak:	
Pocisk:	Głębokość siedzenia:
Proszek:	Ziarna:
Podkład:	
Mosiądz:	
Odległość:	

Wyniki ogólne

☐ zły　　☐ targi　　☐ dobra　　☐ doskonale

Uwagi dodatkowe

____

____

____

☆ ☆ ☆ ☆ ☆

Idealny pomysł na prezent dla początkujących i profesjonalistów

Dziennik danych strzelectwa sportowego

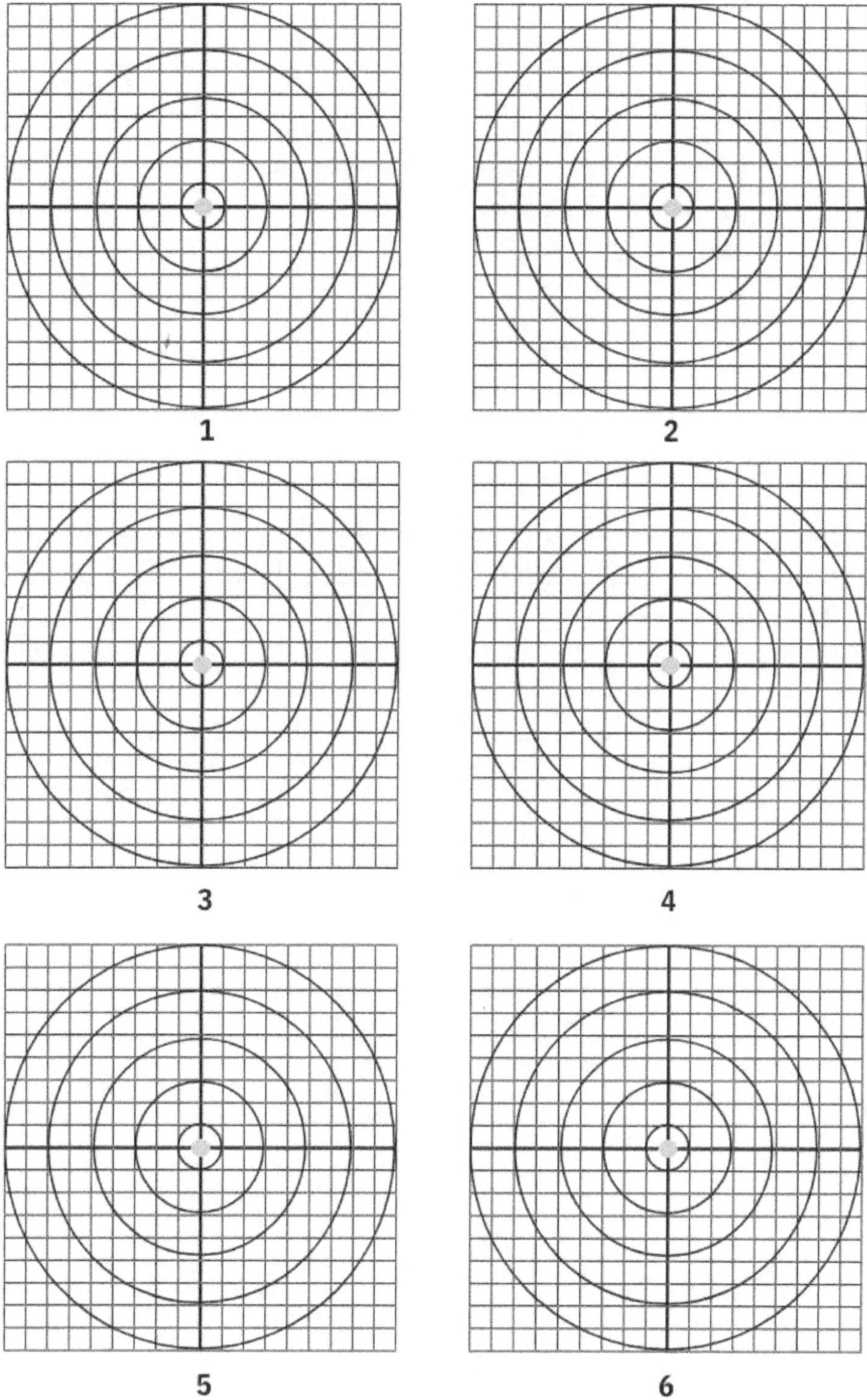

Idealny pomysł na prezent dla początkujących i profesjonalistów

Dziennik danych strzelectwa sportowego

📅 Data: _______________________   🕐 Czas: _______________

📍 Lokalizacja: ____

Warunki pogodowe

☀ ☐   ⛅ ☐   🌤 ☐   🌦 ☐   🌧 ☐   🌨 ☐   🚩 _______   🌡 _______

Strażak:	
Pocisk:	Głębokość siedzenia:
Proszek:	Ziarna:
Podkład:	
Mosiądz:	
Odległość:	

Wyniki ogólne

☐ zły   ☐ targi   ☐ dobra   ☐ doskonale

Uwagi dodatkowe

____

____

____

☆ ☆ ☆ ☆ ☆

Idealny pomysł na prezent dla początkujących i profesjonalistów

Dziennik danych strzelectwa sportowego

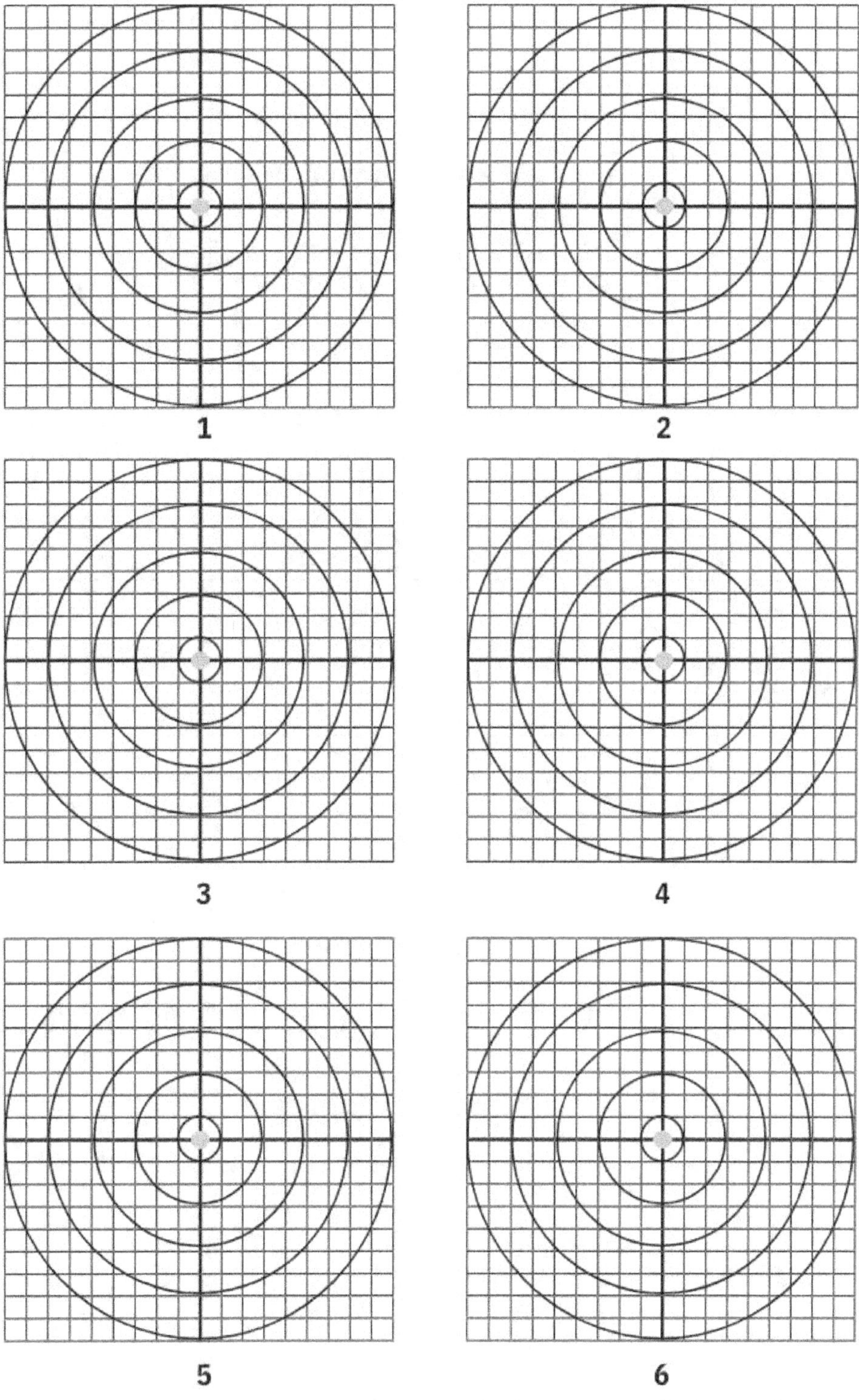

Idealny pomysł na prezent dla początkujących i profesjonalistów

Dziennik danych strzelectwa sportowego

📅 Data: _______________________ 🕐 Czas: ___________

📍 Lokalizacja: _________________________________

Warunki pogodowe

☐ ☐ ☐ ☐ ☐ ☐ ______ ______

Strażak:	
Pocisk:	Głębokość siedzenia:
Proszek:	Ziarna:
Podkład:	
Mosiądz:	
Odległość:	

Wyniki ogólne

☐ zły   ☐ targi   ☐ dobra   ☐ doskonale

Uwagi dodatkowe

____

____

____

☆ ☆ ☆ ☆ ☆

Idealny pomysł na prezent dla początkujących i profesjonalistów

Dziennik danych strzelectwa sportowego

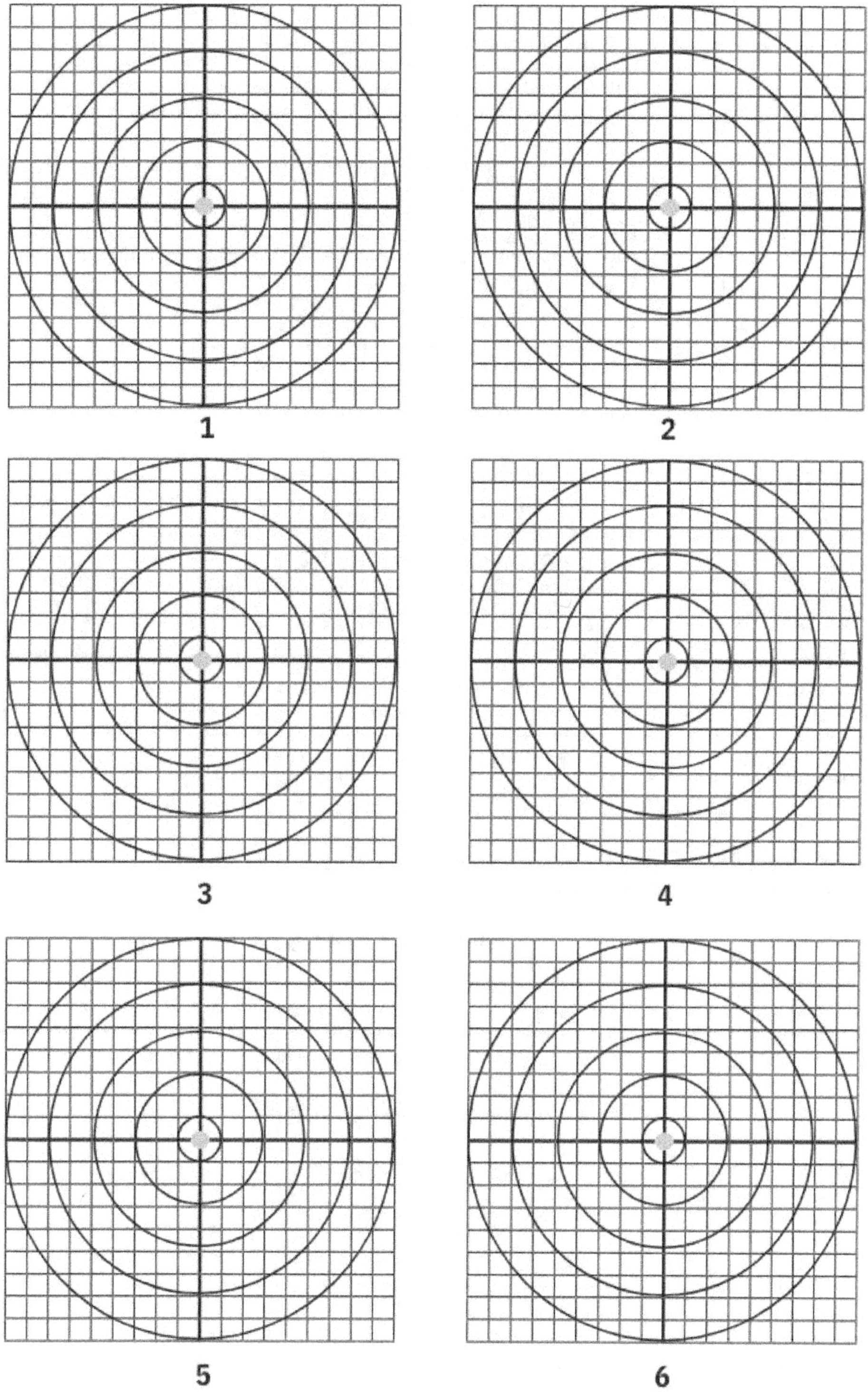

Idealny pomysł na prezent dla początkujących i profesjonalistów

Dziennik danych strzelectwa sportowego

📅 Data: _______________   🕐 Czas: _______________

📍 Lokalizacja: _______________________________

Warunki pogodowe

☐   ☐   ☐   ☐   ☐   ☐   _______   _______

Strażak:	
Pocisk:	Głębokość siedzenia:
Proszek:	Ziarna:
Podkład:	
Mosiądz:	
Odległość:	

Wyniki ogólne

☐ zły   ☐ targi   ☐ dobra   ☐ doskonale

Uwagi dodatkowe

____

____

____

☆ ☆ ☆ ☆ ☆

Idealny pomysł na prezent dla początkujących i profesjonalistów

Dziennik danych strzelectwa sportowego

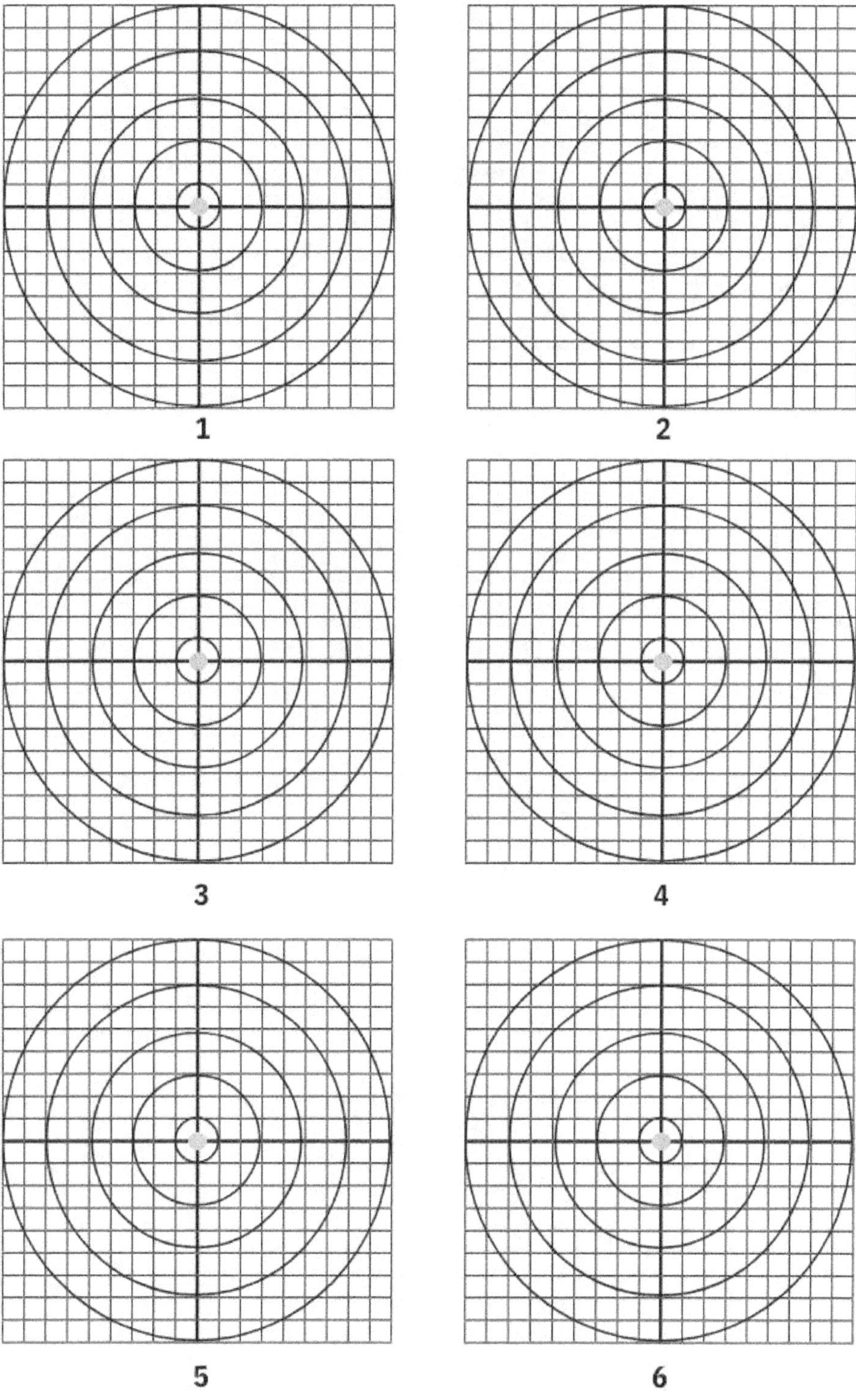

Idealny pomysł na prezent dla początkujących i profesjonalistów

Dziennik danych strzelectwa sportowego

📅 **Data:** _________________________ 🕐 **Czas:** _____________

📍 **Lokalizacja:** _______________________________________

Warunki pogodowe

☐　　☐　　☐　　☐　　☐　　☐　　⚐ _______　🌡 _______

Strażak:	
Pocisk:	Głębokość siedzenia:
Proszek:	Ziarna:
Podkład:	
Mosiądz:	
Odległość:	

Wyniki ogólne

☐ zły　　　☐ targi　　　☐ dobra　　　☐ doskonale

Uwagi dodatkowe

____

____

____

☆ ☆ ☆ ☆ ☆

Idealny pomysł na prezent dla początkujących i profesjonalistów

Dziennik danych strzelectwa sportowego

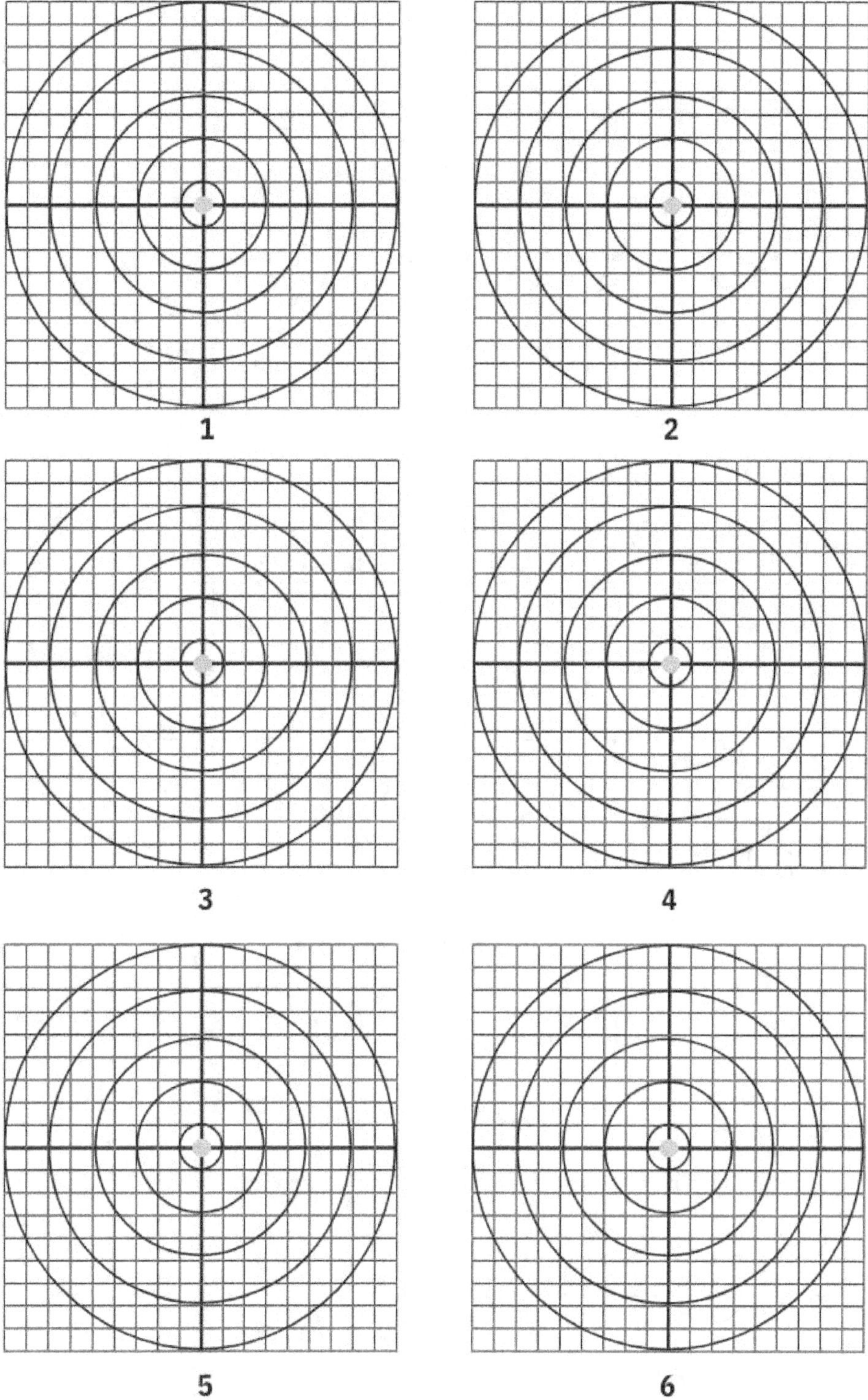

Idealny pomysł na prezent dla początkujących i profesjonalistów

Dziennik danych strzelectwa sportowego

📅 **Data:** ____________________   🕐 **Czas:** __________

📍 **Lokalizacja:** ________________________________

Warunki pogodowe

☀ ☐   ⛅ ☐   🌥 ☐   🌧 ☐   🌦 ☐   🌨 ☐   🚩 ____   🌡 ____

Strażak:	
Pocisk:	Głębokość siedzenia:
Proszek:	Ziarna:
Podkład:	
Mosiądz:	
Odległość:	

Wyniki ogólne

☐ zły   ☐ targi   ☐ dobra   ☐ doskonale

Uwagi dodatkowe

____

____

____

☆ ☆ ☆ ☆ ☆

Idealny pomysł na prezent dla początkujących i profesjonalistów

Dziennik danych strzelectwa sportowego

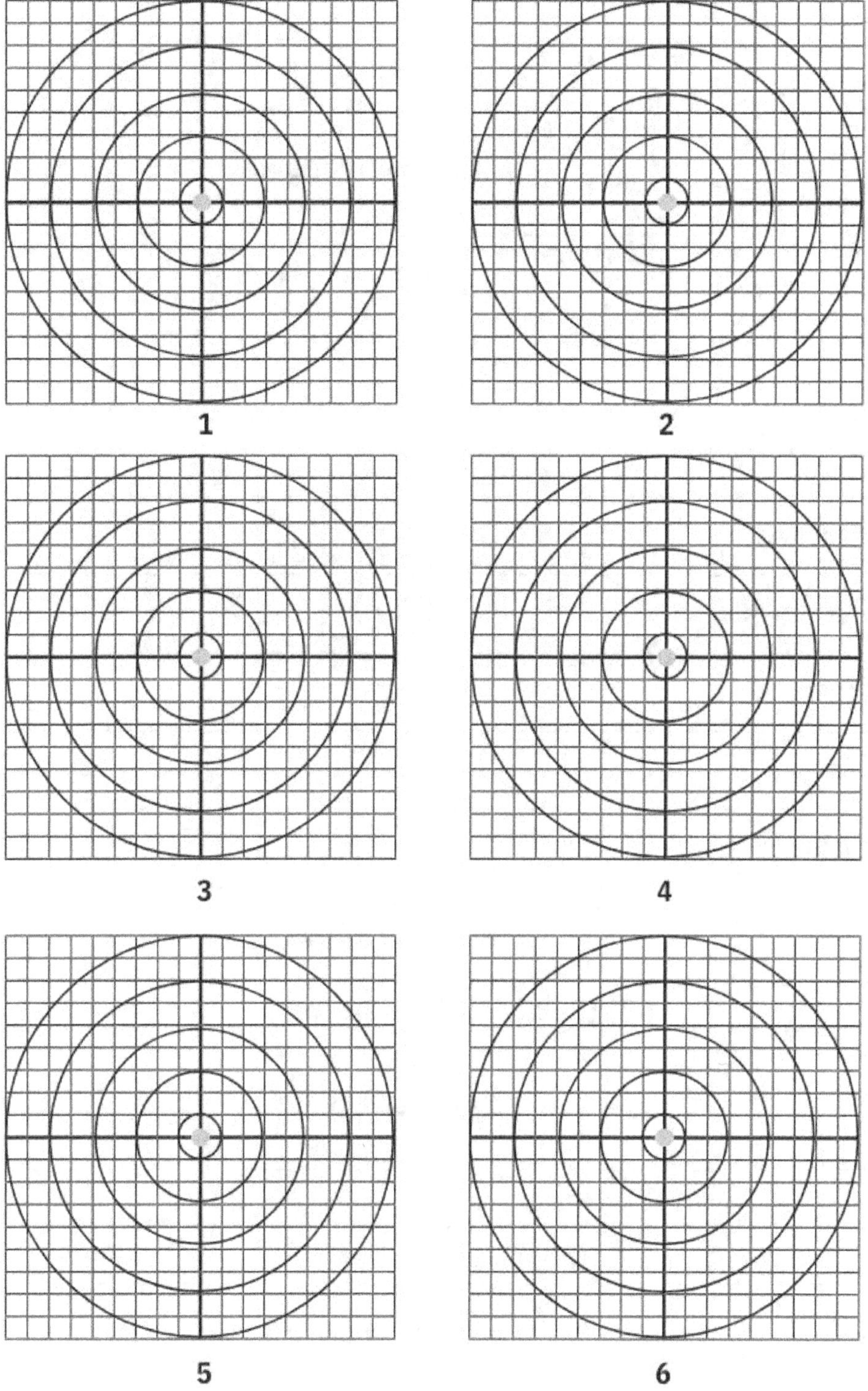

Idealny pomysł na prezent dla początkujących i profesjonalistów

Dziennik danych strzelectwa sportowego

📅 Data: _______________________   🕐 Czas: _______________

📍 Lokalizacja: ____

Warunki pogodowe

☐   ☐   ☐   ☐   ☐   ☐

Strażak:	
Pocisk:	Głębokość siedzenia:
Proszek:	Ziarna:
Podkład:	
Mosiądz:	
Odległość:	

Wyniki ogólne

☐ zły   ☐ targi   ☐ dobra   ☐ doskonale

Uwagi dodatkowe

____

____

____

☆ ☆ ☆ ☆ ☆

Idealny pomysł na prezent dla początkujących i profesjonalistów

Dziennik danych strzelectwa sportowego

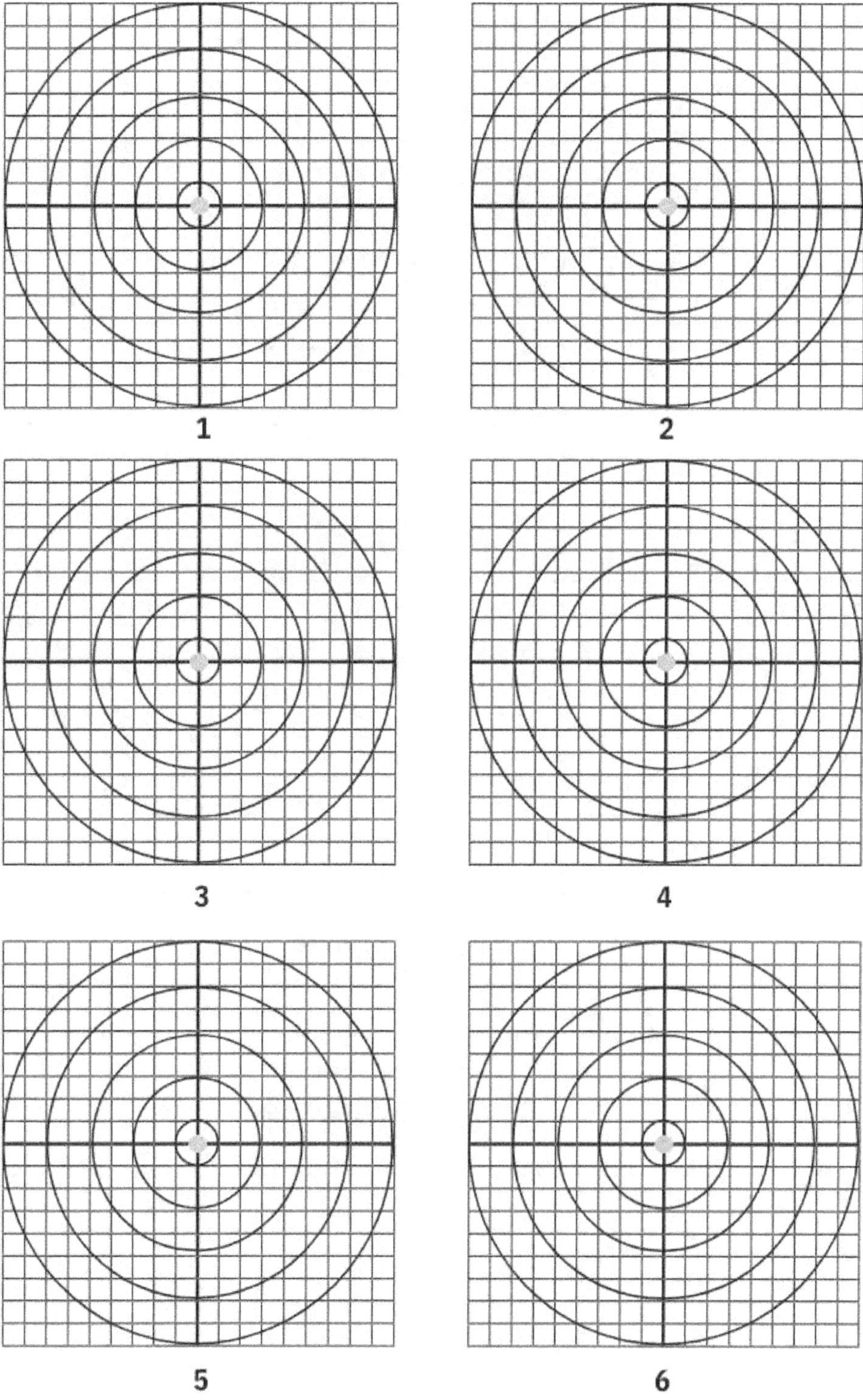

Idealny pomysł na prezent dla początkujących i profesjonalistów

Dziennik danych strzelectwa sportowego

📅 Data: _______________   🕐 Czas: __________

📍 Lokalizacja: _______________________

Warunki pogodowe

☀ ☁ ⛅ 🌧 🌦 🌨 🚩 🌡

☐   ☐   ☐   ☐   ☐   ☐   ___   ___

Strażak:	
Pocisk:	Głębokość siedzenia:
Proszek:	Ziarna:
Podkład:	
Mosiądz:	
Odległość:	

Wyniki ogólne

☐ zły　　☐ targi　　☐ dobra　　☐ doskonale

Uwagi dodatkowe

____

____

____

☆ ☆ ☆ ☆ ☆

Idealny pomysł na prezent dla początkujących i profesjonalistów

Dziennik danych strzelectwa sportowego

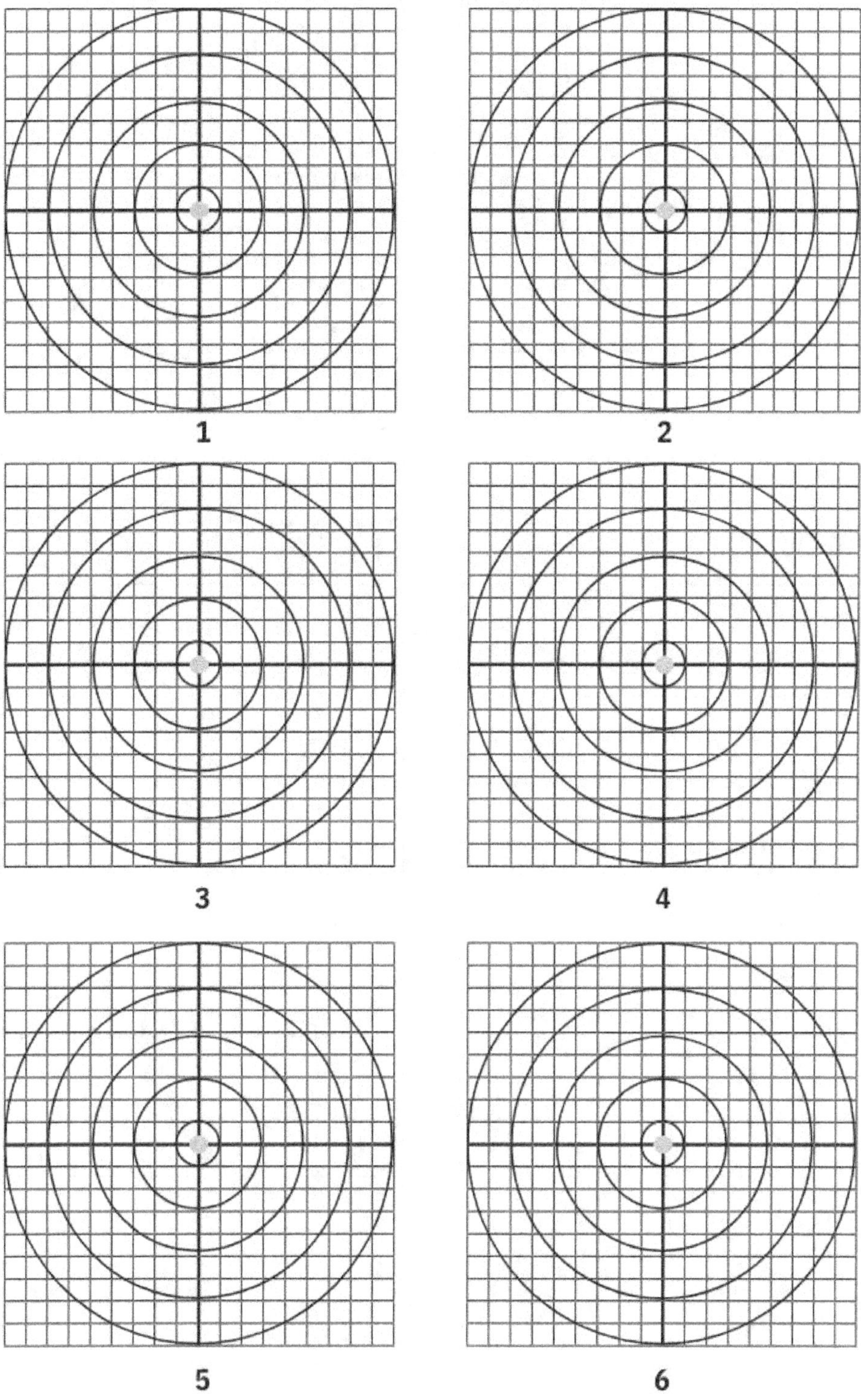

Idealny pomysł na prezent dla początkujących i profesjonalistów

Dziennik danych strzelectwa sportowego

📅 Data: _______________ 🕐 Czas: _______________

📍 Lokalizacja: _______________________________

Warunki pogodowe

☐   ☐   ☐   ☐   ☐   ☐   ⚑ _______ 🌡 _______

Strażak:		
Pocisk:	Głębokość siedzenia:	
Proszek:	Ziarna:	
Podkład:		
Mosiądz:		
Odległość:		

Wyniki ogólne

☐ zły   ☐ targi   ☐ dobra   ☐ doskonale

Uwagi dodatkowe

____

____

____

☆ ☆ ☆ ☆ ☆

Idealny pomysł na prezent dla początkujących i profesjonalistów

Dziennik danych strzelectwa sportowego

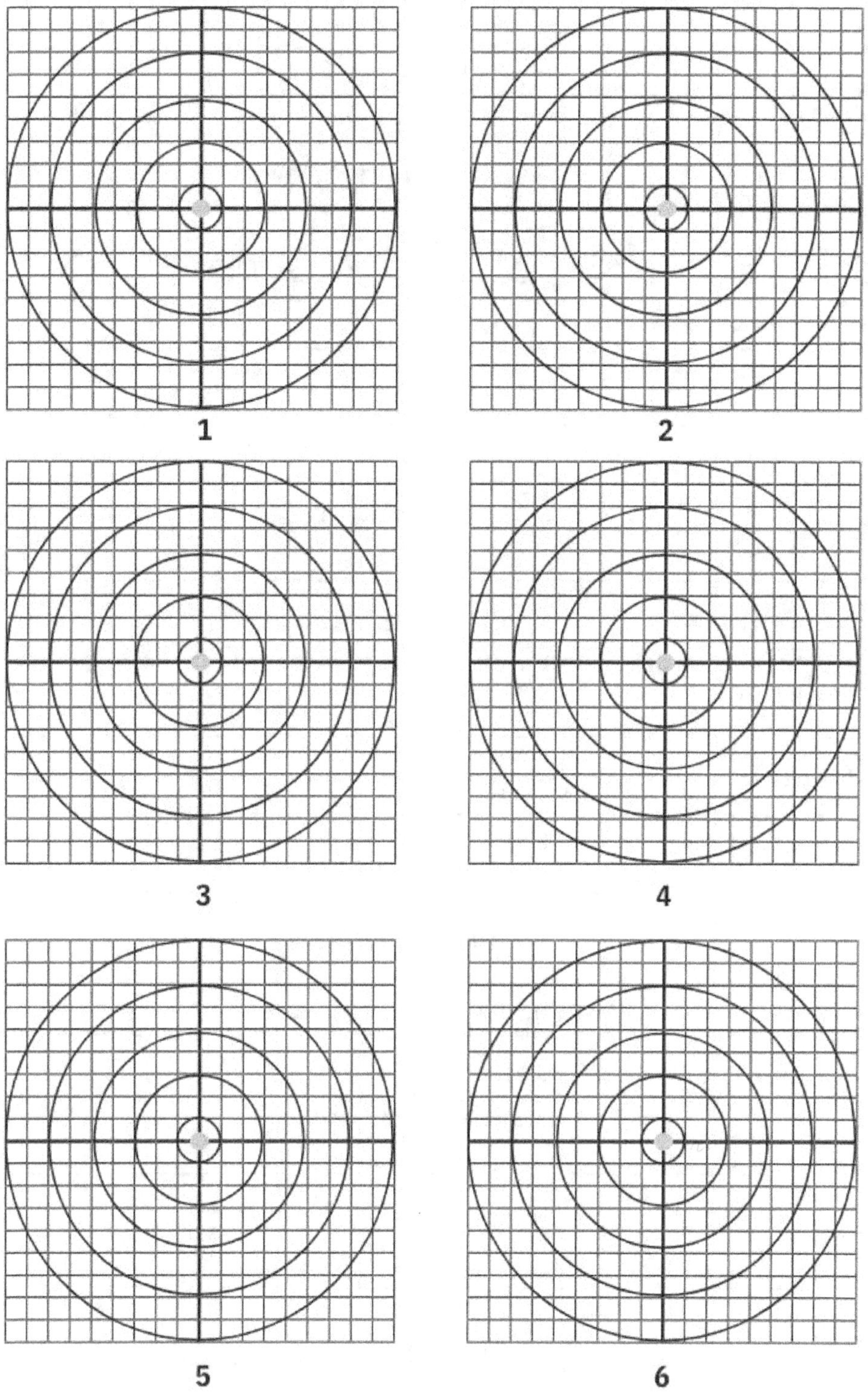

Idealny pomysł na prezent dla początkujących i profesjonalistów

Dziennik danych strzelectwa sportowego

📅 Data: _________________ 🕐 Czas: _________

📍 Lokalizacja: _________________________

Warunki pogodowe

☐   ☐   ☐   ☐   ☐   ☐

Strażak:	
Pocisk:	Głębokość siedzenia:
Proszek:	Ziarna:
Podkład:	
Mosiądz:	
Odległość:	

Wyniki ogólne

☐ zły   ☐ targi   ☐ dobra   ☐ doskonale

Uwagi dodatkowe

____

____

____

☆ ☆ ☆ ☆ ☆

Idealny pomysł na prezent dla początkujących i profesjonalistów

Dziennik danych strzelectwa sportowego

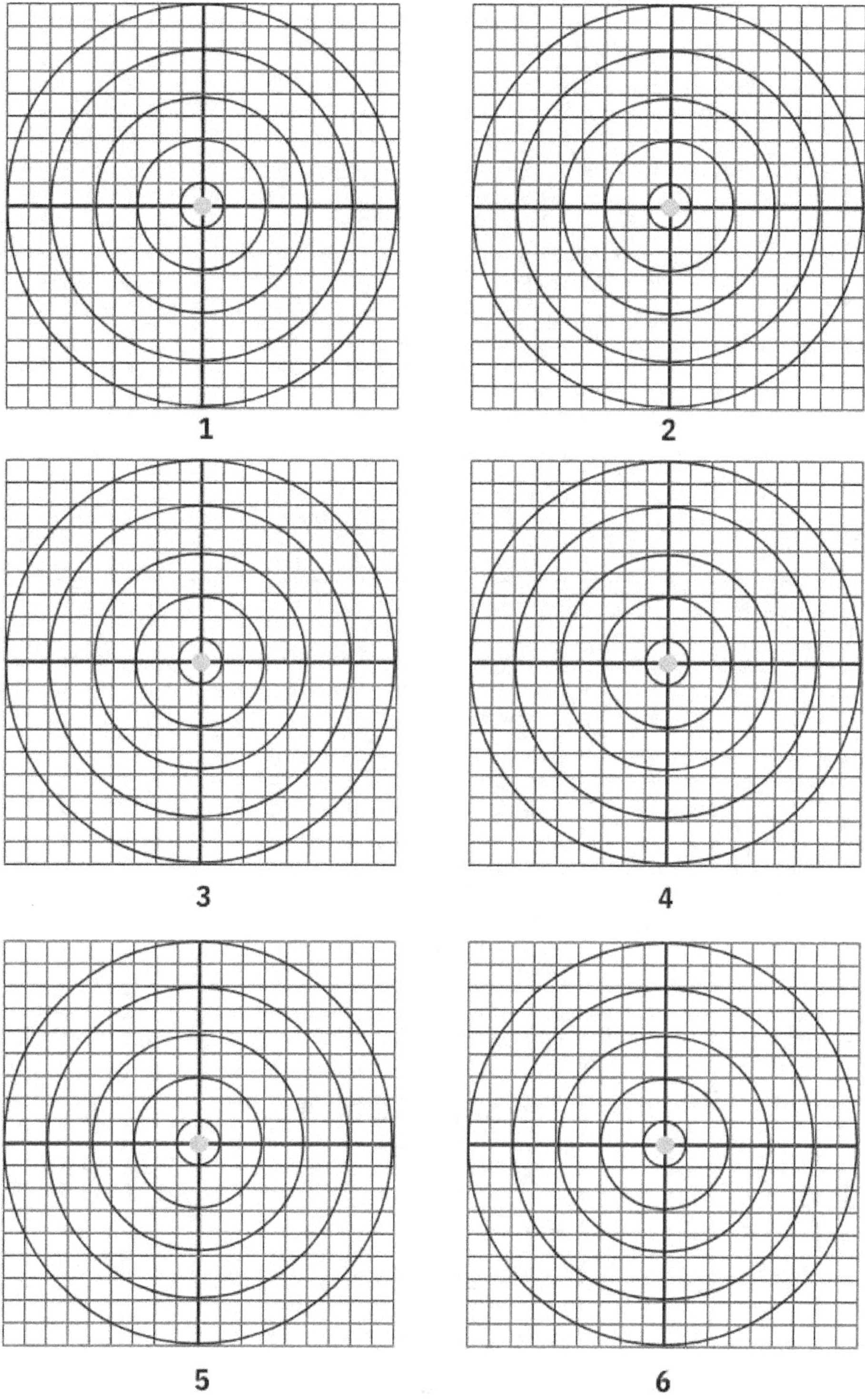

Idealny pomysł na prezent dla początkujących i profesjonalistów

Dziennik danych strzelectwa sportowego

📅 Data: _______________________   🕐 Czas: _______________

📍 Lokalizacja: _______________________________________

Warunki pogodowe

☐   ☐   ☐   ☐   ☐   ☐   ▷ ____   🌡 ____

Strażak:	
Pocisk:	Głębokość siedzenia:
Proszek:	Ziarna:
Podkład:	
Mosiądz:	
Odległość:	

Wyniki ogólne

☐ zły   ☐ targi   ☐ dobra   ☐ doskonale

Uwagi dodatkowe

____

____

____

☆ ☆ ☆ ☆ ☆

Idealny pomysł na prezent dla początkujących i profesjonalistów

Dziennik danych strzelectwa sportowego

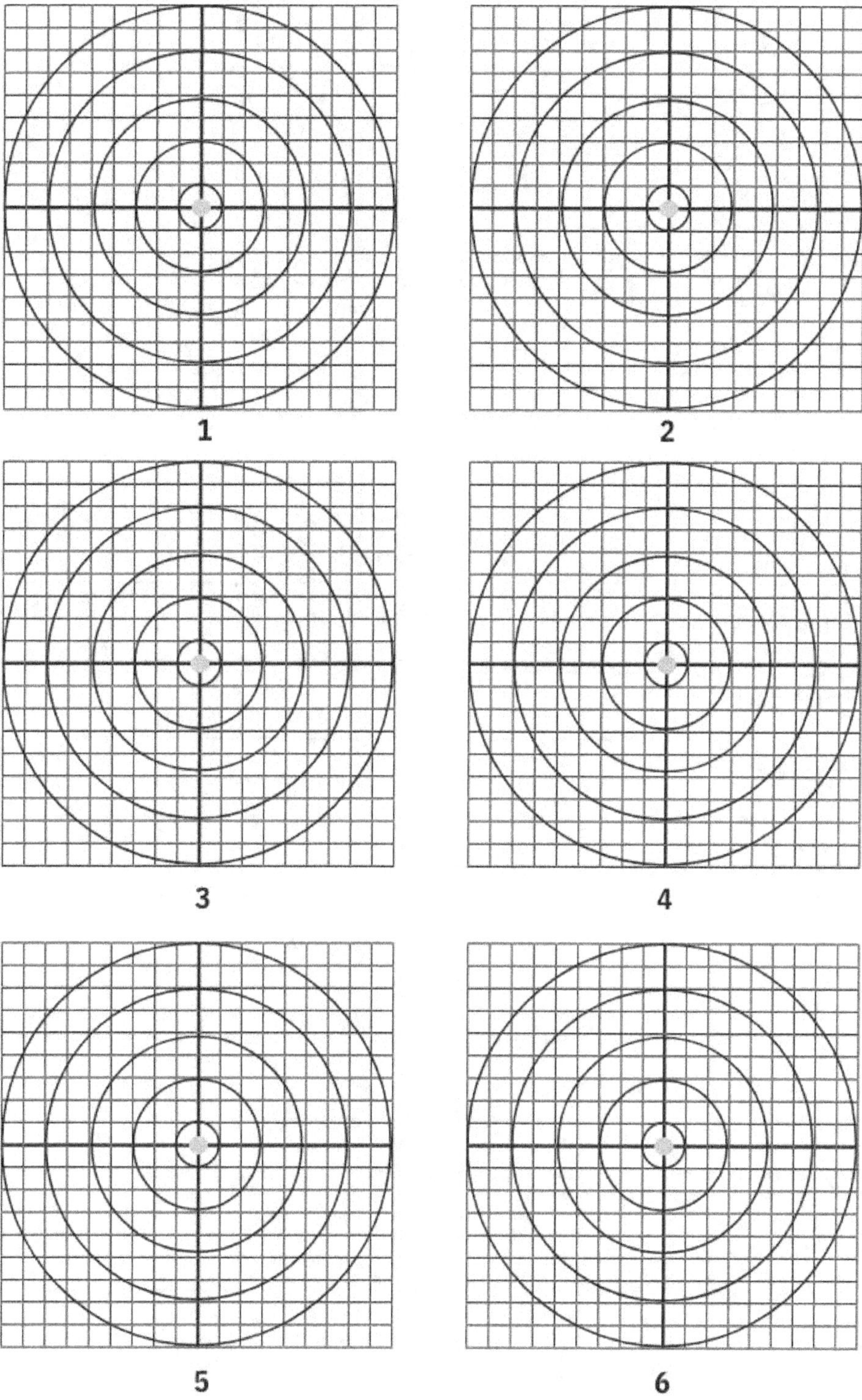

Idealny pomysł na prezent dla początkujących i profesjonalistów

Dziennik danych strzelectwa sportowego

📅 Data: _______________   🕐 Czas: __________

📍 Lokalizacja: _______________________

Warunki pogodowe

☀ ☐   ⛅ ☐   🌥 ☐   🌦 ☐   🌧 ☐   🌨 ☐   🚩 _______   🌡 _______

Strażak:	
Pocisk:	Głębokość siedzenia:
Proszek:	Ziarna:
Podkład:	
Mosiądz:	
Odległość:	

Wyniki ogólne

☐ zły   ☐ targi   ☐ dobra   ☐ doskonale

Uwagi dodatkowe

____

____

____

☆ ☆ ☆ ☆ ☆

Idealny pomysł na prezent dla początkujących i profesjonalistów

Dziennik danych strzelectwa sportowego

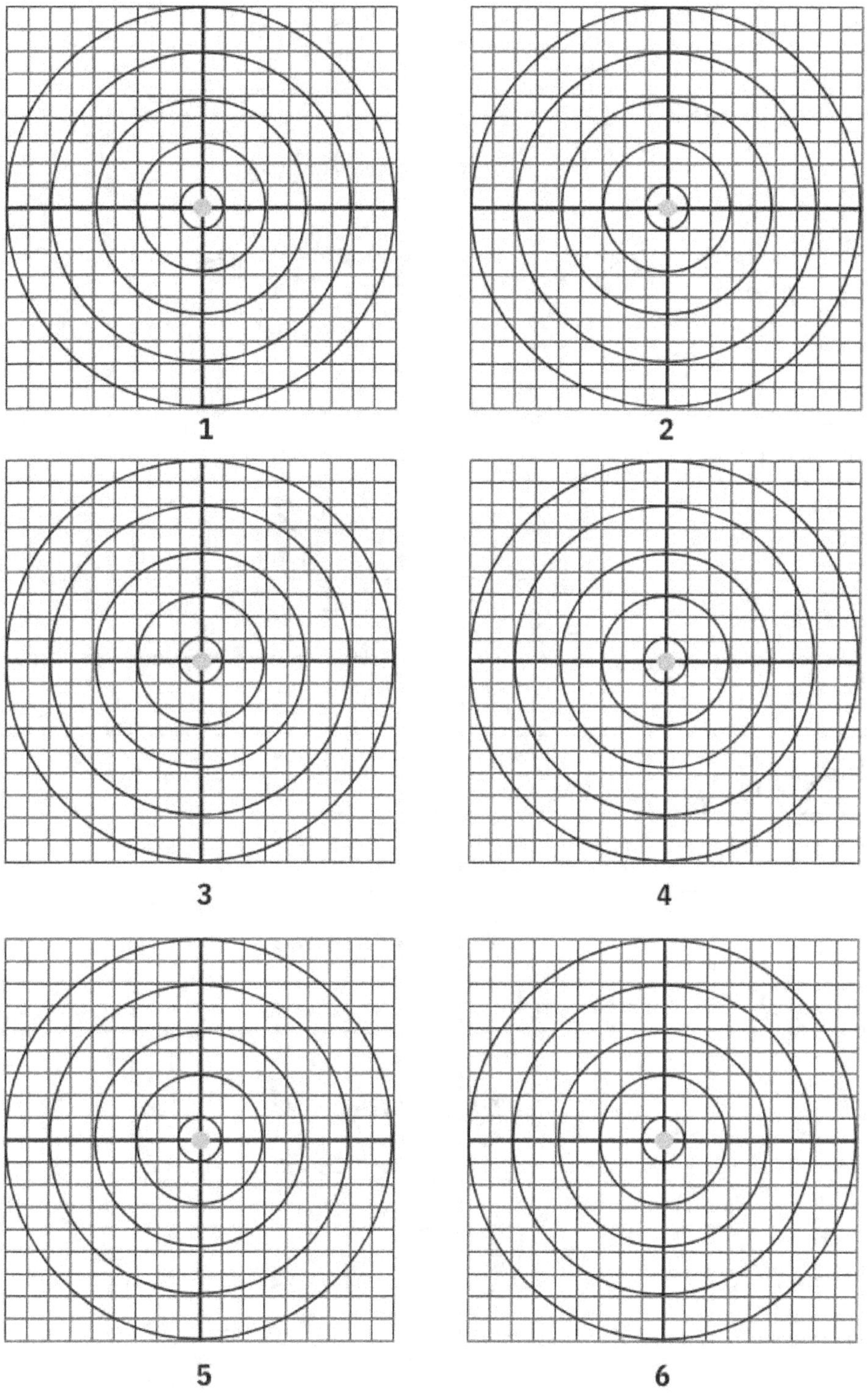

Idealny pomysł na prezent dla początkujących i profesjonalistów

Dziennik danych strzelectwa sportowego

📅 Data: _________________________   🕐 Czas: _________

📍 Lokalizacja: _________________________________

Warunki pogodowe

☐   ☐   ☐   ☐   ☐   ☐   ⚑ _______   🌡 _______

Strażak:	
Pocisk:	Głębokość siedzenia:
Proszek:	Ziarna:
Podkład:	
Mosiądz:	
Odległość:	

Wyniki ogólne

☐ zły   ☐ targi   ☐ dobra   ☐ doskonale

Uwagi dodatkowe

____

____

____

☆ ☆ ☆ ☆ ☆

Idealny pomysł na prezent dla początkujących i profesjonalistów

Dziennik danych strzelectwa sportowego

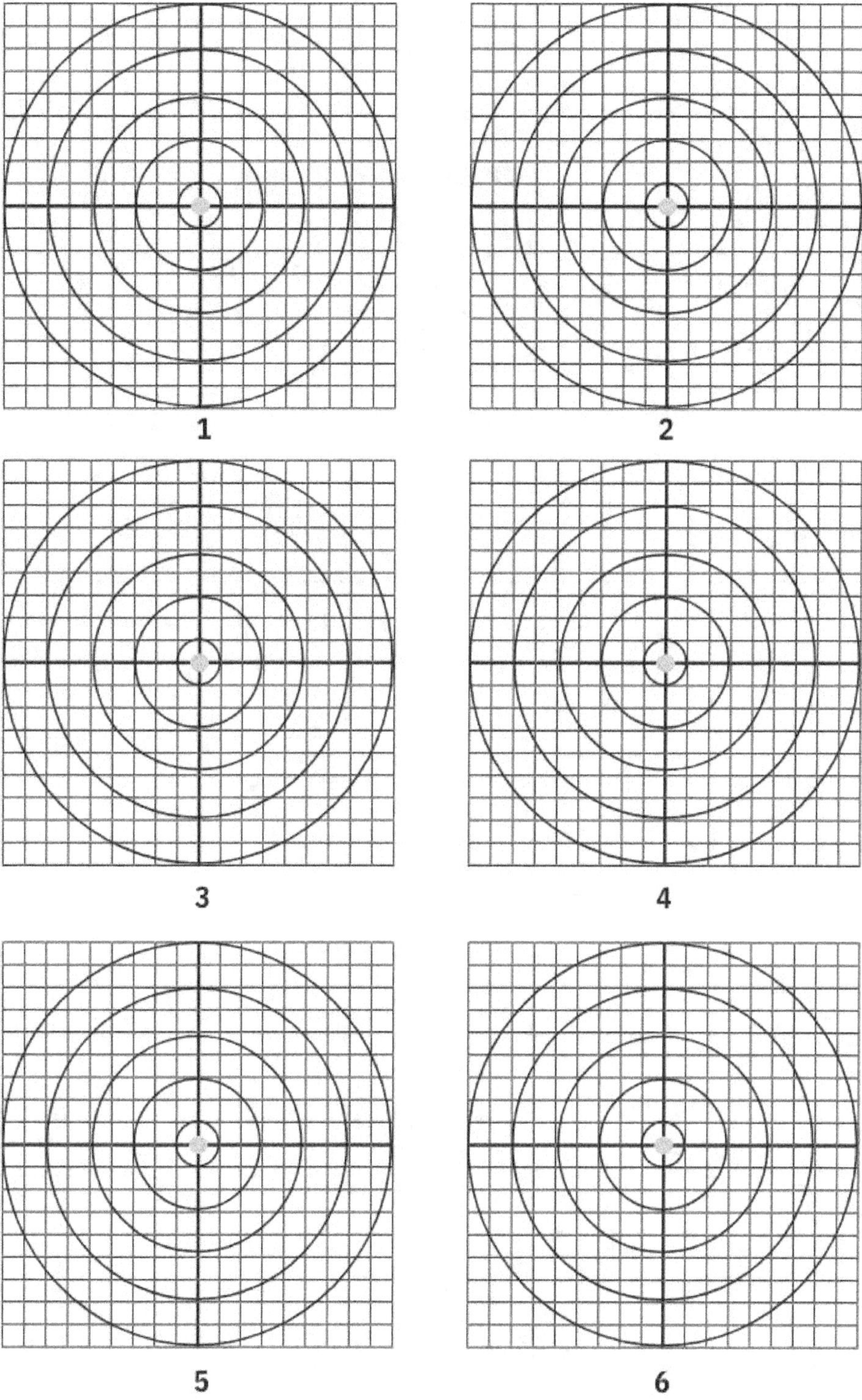

Idealny pomysł na prezent dla początkujących i profesjonalistów

Dziennik danych strzelectwa sportowego

📅 Data: _________________ 🕐 Czas: _________

📍 Lokalizacja: _______________________________

Warunki pogodowe

☐ ☐ ☐ ☐ ☐ ☐ _______ _______

Strażak:	
Pocisk:	Głębokość siedzenia:
Proszek:	Ziarna:
Podkład:	
Mosiądz:	
Odległość:	

Wyniki ogólne

☐ zły   ☐ targi   ☐ dobra   ☐ doskonale

Uwagi dodatkowe

____

____

____

☆ ☆ ☆ ☆ ☆

Idealny pomysł na prezent dla początkujących i profesjonalistów

Dziennik danych strzelectwa sportowego

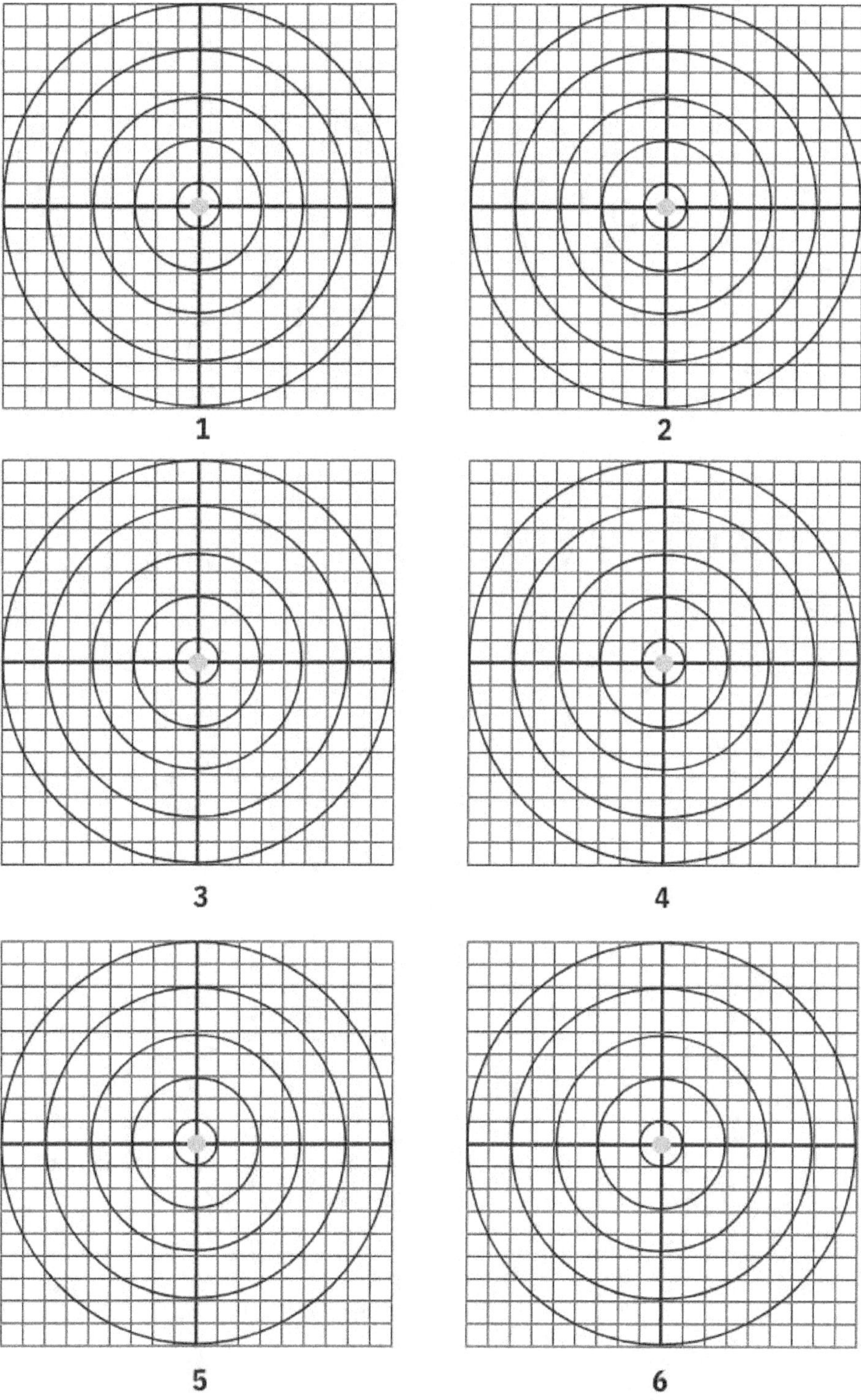

Idealny pomysł na prezent dla początkujących i profesjonalistów